THE ICONIST

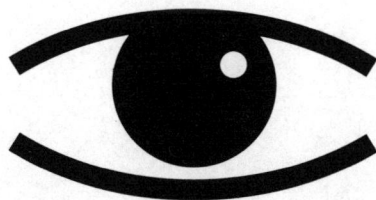

抓眼球

JAMIE MUSTARD

[美] 杰米·马斯塔德 著

信任 译

上海文化出版社
SHANGHAI CULTURE PUBLISHING HOUSE

果麦文化 出品

CONTENTS 目录

引言：抓眼球与概念块

如果不能立刻吸引他人的注意，那就会永远失去他们。

毫无疑问，科技让生活变得更轻松，同时，它也在无形中让生活更困难。技术引发的变革带来了信息和选择的爆炸式增长——在持续不断的竞争中，各种产品、服务以及相关信息大量涌入生活，试图抓人眼球。在永不打烊的互联网世界中，一拨又一拨的信息冲击着我们的感官，冲散了个人的声音。无论你是否意识到，我们都已经淹没在白噪声的海洋中。

这些噪声永不停歇，削弱着我们相互倾听的能力。于是，艺术家们费尽心思也难以获得更多粉丝，作家们无法继续吸引读者的注意力，广告商们很难促进销售，创新者们的奇思妙想得不到支持，企业难以吸引新客户。你试图从行业中脱颖而出，抓住用户的眼球，但在数字化生活的冲击下，消费者们不堪信息的重负，只能留给你部分注意力。

被关注是成功的第一步，被记住是第二步。但现在，这两个步骤几乎都不在人们的掌控之中。在拥有无尽选择的信息汪洋中，你要如何吸引他人的目光？你又如何确保他们记住你？

这本书解决了这个问题。

我研究了历史、心理学、艺术和流行文化领域的大量案例，总结出一套清晰的方法。这套方法可以帮你用最低成本抓住别人的眼球，被大众关注并牢记。

不管在何种情境下进行联系和交流，我们都要有能够被理解的简洁表述。本书是一本实用手册，教你如何提取工作中的精华——无论你做的是什么工作——并以正确、简单的信息来抓人眼球。**这本手册极度简化，现如今，也只有简单才能引起别人的注意。**

·为什么会写这本书

我是一名信息、设计和沟通领域的专家，为创业者和新企业，以及已经成功的艺术家、首席执行官和创新者们提供咨询服务，他们的故事会出现在本书中。这些人都很成功，有些甚至非常成功，但都饱受这个信息过度拥挤的世界带来的困扰。他们希望被他人聆听、关注——最终，他们来到了我的面前。

我有一段与众不同的人生旅程，这段经历引导我去探索"抓眼球"的艺术与科学，并最终总结出一套可以适用于所有人的解决方案。我是在贫穷和漠视中长大的，年少时没怎么上过学，也缺少父母的教导与监督。我在浑浑噩噩中度过了大段时光，做事没有规划，注意力分散在各个方面。时间的流动似乎十分缓慢，透过洛杉矶浓浓烟雾折射下来的阳光让我倍感倦怠。我对这个世界的唯一认知，就是街上被灰雾笼罩的混凝土建筑。我还记得自己曾努力回忆下雨的样子。

我们这些成长在洛杉矶贫民窟中、毫无特色、毫无未来的孩子们，注定要成为美国社会的最底层。我担心自己的未来，害怕变成一个穷困潦倒的人。不过高中毕业后，我考入伦敦经济学院，由此改变了人生。然而直到20年后我才意识到，自己成年后在生活中迸发的灵感来源于那段贫穷困苦、无依无靠的童年时光。因为我从小就害怕被人忽视，所以才能在信息雪崩的世界里发现抓眼球的决定性因素。现在，我的工作领域是"注意力经济学"。

我们关注并牢记某事的关键，是人的固有感知以及一套始终不变的原始法则，**我称之为概念块，它可以让事物更具标志性**。世界上永远存在着概念块，它是最基础的信息形式。一旦被重复，它就会让事物产生标志性，进入并刻印在所有信息接受者的大脑中。由于具有高度可识别性和重复性，一个概念块会在大脑中变为一个符号。

在研究建筑大师路易斯·康的作品时，我的脑海中闪现出概念块这个词。路易斯·康是2003年一部奥斯卡提名纪录片[1]中的主角，这部纪录片是由他的儿子纳撒尼尔执导的。很多专家称路易斯·康为"20世纪最重要的建筑师"，但这已

---

1 此处指《我的建筑师》，该片获得2004年第76届奥斯卡金像奖最佳纪录长片提名。——译者注（后文若无特殊说明，均为译者注）

是他生命中最后几年的事情了。

当时，我坐在一家小小的独立电影院中，观看关于路易斯·康的建筑的纪录片。他的作品中有一些大胆突出、高度简化的内容，令人印象深刻，让我想起十几岁时读过的著名歌手比利·乔尔的访谈。当被问到为什么能编写出这么多的畅销音乐作品时，乔尔说自己关心的是如何让音乐流传下去，而不是让音乐更加美丽、有趣或更具艺术性。他说当自己还年轻时，更想成为一名音乐学家，而不是音乐家。还有，他想知道为什么贝多芬的第五交响曲可以流传两个多世纪，这也是我花了将近15年去思考的问题。

所以，当我坐下来研究这两个完全不同领域的创造者及其作品时，我开始怀疑路易斯·康那高度简化的建筑结构和乔尔的经典旋律之间有某种关联。那感觉就像是火花在我脑中炸裂开一样。

我以自己的经济学研究背景为基础，开始探索是否存在让事物变成符号的标准传播模式。注意力经济学这种东西真的存在吗？是什么因素让某些东西刻印在我们的大脑中，另一些则一闪而过？是什么因素让一件商品、一项科学发现、一种艺术形式、一个创意或一条资讯抓人眼球，并具有标志性？

如果说，现今世界存在着繁多的产品、服务及信息，多到让这种因素不可能被看到，那么它要如何发挥功用呢？

我发现，这种因素的影响力已经远远超出了音乐和建筑领域的范畴。

我花了大量时间来测试和整理我发现的这一套规则。其实它们非常简单——简单到关于它们的示例无处不在，但我们却熟视无睹。我曾向身处行业领先地位的科技创新者、社会变革推动者、首席执行官、前沿工程师、设计师、艺术家及摇滚明星请教，是什么让某些事物被他人关注并牢牢记住，他们给我的反馈证实，我发现的这些原则适用于所有信息传播场合：音乐、视觉艺术、产品设计、公共演讲，甚至包括撰写电子邮件、工作简历和交友网站个人简介。任何人都可以使用本书中介绍的人类感知原理，获得他人对自己的注意。我认为这些原理和规则是永恒不变的基本法则，它们是我工作的基础，是我与企业和个人展开合作的基石。

· 靠什么来迅速抓眼球——概念块

想象一下，你在参观一座古代艺术博物馆，博物馆里陈列着成千上万幅古老的美丽画卷。此时，你在某幅画作前驻足欣赏。很多人认为，我们在哪一幅画前停下都是随机的，但事实并非如此。

音乐也是这样。假设有一天晚上，你走在洛杉矶的日落大道上，经过位于市中心、俱乐部扎堆的娱乐区时，听到了乐队演奏的声音。于是你驻足聆听——肯定有某些原因让你这样做，而且大多数原因与你的音乐品位无关。

除了"我喜欢这首乐曲"或"我喜欢这类型的音乐"，你可能想不出任何其他理由，但真正的原因要更为原始。一旦掌握了隐藏在注意力和吸引力背后的规律，你不仅能意识到这些规律无所不在，还可以充分利用它们获得关注。

虽然当下的世界中充斥着强烈的干扰，但某些思想、艺术、广告、理论和资讯依旧能牢牢地抓人眼球。我们关注某些人却忽视其他人的原因，并不一定是被关注者做事更漂亮或更具创新性。真正的原因在于人类感知的原始法则，即人们如何接受和过滤信息。我们要努力成为掌握这些法则并以此成功抓人眼球的人。要努力了解人们接受信息的偏好，以及过滤信息的习惯。

要做到这一点，就要学会使用大幅、易理解、大胆醒目的图像或短语，并通过高频率的重复来获取注意。我们常常被教导说，重复发送信息是一种低效行为，但实际上大量重复可以激发更多的兴趣并赢得支持。这听起来很简单，但很少有人知道如何有技巧地重复，而这种技巧可以帮助我们在工作和生活中收获更多。

要确保自己的行动总是围绕概念块展开。**概念块简洁、明确、大胆突出，它可以是一个形象、一行文字、一段旋律、某个物理结构或某种设计元素。**

但是，概念块无法直接停留在目标群体的大脑中。所以要通过持续、有意识、直白的重复，让概念块吸引人们的注意，并在目标人群的脑海中留下印记。如果你做得恰到好处，目标人群将别无他选。此时，就在信息被他人接纳并留存在大脑中的瞬间，概念块变成了符号。

我常常将概念块称为让某事"符号化"的工具，它可以应用在所有的信息传播场合：从美术、音乐、设计、建筑，到商业和产品研发。

但是我们往往并不知道，一个概念需要多么简单才能抓人眼球，一条信息需要重复多少次才能被目标群体关注并牢牢记住。人们常常会这样认为：一旦我们说过某事，那么这件事就已经被他人接受，因此没有必要刻意去获取更多关注。之所以会产生这样的想法，是因为让自己引人注目并保持对他人持续可见会让人们感觉不舒服（我们后面会深入探讨这一现象背后的原理）。这就像是"第二十二条军规"——我们想要引人注目、获取他人的支持，但又不想尴尬地暴露在他人的目光下。

将信息提炼成最简单、最核心的理念，这是件很困难的事，因为人是十分复杂的。我们的思想和情感交织在一起，很难把想要传达的信息转化为几个明确的要点。然而，当面对几个简单的信息点时，人们能够迅速吸收，不管这些信息背后的理念或产品多么复杂。

当我们以"极简"模式进行工作时，一切都会改变。我们应该有意识、有目的地建立沟通联系，而不是一切听天由命。

· **如何阅读本书**

现今，已经有很多关于如何抓住用户的眼球、并被牢牢记住的书籍，但是大多以失败告终，因为它们本来试图阐释一个非常简单的机制，最后却弄得过度复杂。它们没有清晰地说明人们为什么要注意这些基础规则，其结果是，人们很难使用这些规则。

在本书中，我将教你关于抓眼球的最简单、最低成本的做法。无论你在哪个领域工作，都可以利用这些人类感知中的基础模式，制作出让他人无法抗拒的内容。这些模式、规则都很简单，但它们如此显而易见，反而让我们很难注意到。很多时候，我们离自己的作品如此之近，以至于不知道要如何看待它们，如何使用最简单的方式进行表达并获取相应关注。现在，我要给你一条百分之百有效的正确公式。我在本书中讲述的故事，将会从多个角度分析这一不可抗拒的注意力法则，从孩子到首席执行官都可以充分利用它。

在把本书方法付诸实践的过程中，有时你会发现自己反而在让信息复杂化。千万不要一路复杂下去！使用概念块大胆行事常常会让我们觉得不舒服，但是，一旦达到了极简化状态，我们就会变得更加快乐。一定要明白，是极简化带来的即时理解实现了交流沟通。不要忘记表达自己与获得关注，这需要两种截然不同的能力。我们可以畅所欲言，但听众也可以置若罔闻。为了实现目标，必须让听众们倾听。我们要突破周围的噪声，让信息被他人听到——但如果不使用概念块，这个任务几乎无法完成。

在本书中，你将遇到很多商界领袖、科学家、艺术家、设计师、历史名人、社会变革推动者及文化创造者，他们的故事给了我灵感，他们的杰出表现赐予了我工作的动力。我很幸运能够认识他们，并成为他们中很多人的朋友。

从极度贫穷无知到进入伦敦经济学院，及至获得小小的成功，这段旅程让我注意到：无论生活环境如何，我们中的很多人都感受到了不被关注、默默无闻带来的压力——至少在我们想要实现梦想的领域中会感受到。对失败的恐惧常常让我们无法追求自己想要的。概念块的工作机制就像杠杆一样简单，我希望你可以使用它们来实现你的梦想和抱负。

杰米·马斯塔德

PART ONE

第一部分

获取流量难在哪里

2005年前后，一座南美城市开始向多到令人难以置信的过量媒体信息宣战。这项大胆的革命性政策，是由巴西圣保罗市政府颁布的。之所以要采取这项新举措，是为了全方位解决污染问题，其涉及范畴大大超出了噪声、空气和水污染这几个传统治理领域。

> 我们决定从最显眼的区域着手治理污染：视觉污染。
>
> ——圣保罗市市长吉尔伯托·卡萨布

2006年，圣保罗通过了《清洁城市法》，禁止任何户外广告出现在这座巴西最大的城市中。在接下来的一年时间里，圣保罗市撤下了15000个户外广告牌、广告屏幕和公交车广告位，之前隐藏在广告下的城市开始显露真容：在一片混凝土丛林中，点缀着令人惊叹的历史建筑。

巴西在社会和经济层面进行过多次有争议的创新性行动。在20世纪40年代、50年代和60年代，巴西政府曾通过强制手段来大幅减少该国对进口商品的依赖。当时，巴西大部分地区缺乏现代制造业的基础设施，因此难以制造国产产品，这让巴西无力成为现代市场经济国家。并且，由于大量财富外流，巴西也无力进口商品。

为了解决国家基础设施问题，巴西政府对某些进口商品设定了配额，并征收了高额的关税。因此，巴西社会中的上层人物及成功的商业人士很难享受到他们渴望的现代化便利。这些举动向巴西的经济精英们传递了一条很简单的信息：想要高档奢侈品，你就必须投资国内经济，发展制造业基础设施建设，实现自给自足。这一招最终获得了成功，正是这些政策创造了巴西现在强劲的制造业经济。这在世界各地的后殖民经济体中非常罕见，其他国家往往会依赖进口商品，并因此处于经济上的不利地位。

此后不久，在20世纪70年代的石油危机中，巴西再次大胆行动，缓解了本国对外国资源的依赖。巴西扩大了国内石油和其他能源的生产，并发展出了大规模生产甘蔗乙醇的技术。一系列努力让这个南美国家成为当今世界上能源最为独立的国家之一，甚至超越了大多数后殖民时代的经济掠夺者们。

因此，2006年的《清洁城市法》对巴西来说一点也不新奇。

一个多世纪以来，各种广告污染一直冲击着我们，稀释了人们的声音，改变了人们彼此交流的方式，悄悄地占据了我们的生活，而大多数人没有意识到这一点。圣保罗市不仅认识到它们的危害，而且有针对性地实行了一系列大胆举措。

　　圣保罗市实施《清洁城市法》后，70%的居民表示这一举措极大地改善了该市的生活质量。广告的清除让人们找回了失落的城市，获得了一个更加安宁的环境。这些举措不仅让一直被覆盖的建筑物重见天日，还暴露了该市长期存在的贫困问题。此前，很多贫民区都被各种广告牌掩藏起来，《清洁城市法》实施后，它们又重新进入了公众的视野。

　　广告消失后，圣保罗市本地人有一种迷失方向的感觉。因为广告信息已经成为城市文化的一部分，各种广告牌也已经成为城市的路标。在接受国家公共广播电台采访时，记者维尼休斯·高旺表示："这感觉很奇怪，因为你居然迷路了，你再也找不到任何方向或位置的参照物。"例如，在城市的某个区域，这位记者习惯使用松下的广告牌进行定位。"现在我的参照物是一栋装饰很艺术的大厦，它曾经被巨大的松下广告牌覆盖。"他说，"现在，这座城市有了新的语言和新的身份。"任何形式的媒体污染，都极大地改变着我们对世界的看法和认同感。

　　在推行严格的户外广告禁令时，政府也有所妥协：允许经批准的涂鸦和街头艺术存在。这一妥协的结果是，各种巨大的、标志性的壁画布满了一栋栋建筑物，这些才是城市真实的自我表达。现在，艺术和建筑终于可以开始"呼吸"了，因为它们战胜了注意力的分散和信息的稀释。

　　就像圣保罗的广告牌隐藏了这座城市的美丽（历史建筑），也掩盖了它的贫穷（贫民区），你的信息也同样被数字通信（有时是一种污染）的巨大规模和无情力量淹没。当圣保罗市的所有人都能清楚地看到贫民区时，他们便可以为这些穷人做更多的事情。同样，一旦理解并有目的地使用概念块，你就可以让大量嘈杂的信息从目标受众的大脑中消失，只留下你想要传达的个人信息。

1. 信息噪声：
10000个高尔夫球同时飞来

过量信息让世界异常嘈杂

　　就像20世纪末挤满了广告牌的圣保罗市一样，如今的世界非常拥挤。

　　英国经济学家托马斯·罗伯特·马尔萨斯在1798年的一篇文章中提出了一个理论：人口增长与可获得的食物数量及是否持续供应密切相关。

　　在人类历史的大部分时间里，人口数量一直在稳步增长。但相对而言，最近三个世纪的科技创新导致了人口数量的大爆炸。随着第一次和第二次工业革命的开始，以及大规模生产的出现，前所未有的粮食生产能力造就了世界人口的惊人增长。不久前，全球人口数量已经达到了78亿。在150年前，这一数字是难以想象的。

　　现在的人口数量极其庞大，远超任一历史时期，这同时也带来了食物供应之外的另一个巨大挑战——组成整体的个体数量越多，个体在整体中的可辨识度就越小（就像一组10块的拼图和一组10000块的拼图的差别）。你可能没有意识到，全球人口的指数级增长已经让你疲惫不堪，更难抓人眼球。

数字技术的革命给我们带来了信息和通讯方面的冲击性改变，却没有提供一种建设性的、健康的、平衡的信息接受方式。现在的年轻一代使用着一年365天全天候不间断的实时联络工具，在许多发展中国家，人人都有智能手机，甚至在还没有自来水的村庄里也是如此。但讽刺的是，全球化沟通和无处不在的即时共享，却让我们比以往任何时候都更加孤单和默默无闻。

这里面有很多原因，最明显的一条是大量信息内容的涌现。传统媒体、社交媒体、新闻报道、各类广告，所有这些加在一起，让这个世界不仅异常拥挤，还异常嘈杂。

50年前，美国只有美国全国广播公司、哥伦比亚广播公司和美国广播公司三家大型广播电视网，人们只能观看它们提供的内容。在有线电视出现之前，观众们的选择十分有限，但他们很快乐。现在的人们生活在一种"更多、更多、更多"的文化氛围中，却失去了不少快乐。

媒体渠道的激增产生了对信息内容的巨大需求，大量的纸质杂志、电子杂志、广播电台、有线电视频道、卫星频道、互联网电视台、户外滚动广告牌，以及无数其他现代娱乐设备，都需要海量的信息内容。

这种对信息内容的不断渴求加剧了大众传媒产业的复杂性，让这个行业必须24小时不间断地填满所有媒体渠道。这台巨大的、从不思考的媒体机器默默地不停推进着，不管自身是多么低效，或者产生了怎样的负面影响。在获取信息内容的竞争中，对速度的要求降低了信息的质量，并进一步削弱甚至破坏了其可信度。

如果考虑到广告也是一种信息，你会感到媒体的噪声更加嘈杂了。不过对于互联网来说，广告只是吸引你注意力的一小部分内容，更主要的是各种社交媒体，包括推特、脸书，以及所有以类广告形式向人们狂轰滥炸的媒体内容。如果将这些都计算在内，那么每天就有数万条微信息涌向我们的生活，一刻不停。简单地说，现代科技已经让人们应接不暇、精疲力竭。

现在，全世界的信息总量已经大到令人难以置信。如果我们把所有存储在地球上的电子数据刻录在 CD 上并垒叠起来，虽然一张 CD 只有薄薄的1.2毫米，但全部 CD 垒叠起来的高度将直达月球。

当然，CD 已经几乎被遗弃了，现在人们有各种各样的信息存储方式。但即便技术以难以置信的速度飞速发展，也追不上信息量的增长速度。现在世界上的数据总量已经超过了所有大型服务器的总存储量，也已经超出了人类的处理能力，而且每天还在不停增长。

身为消费者，我们总是被动地与世界连接，然后被灌注超量信息。从历史角度来看，这是一场巨大转变的结果。在100年前，纸质书籍、剧院，可能还有收音机，就已经是普通家庭所有的媒体信息来源了。几十年后，电视开始普及。在互联网出现几十年后的现在，技术更是带来难以计数的选择，如流星雨般降落在我们头上。但是更多并不意味着更好，尤其是在手机无处不在的当今世界中。芝加哥大学出版社发表过一篇研究文章，标题就令人深思——《大脑耗竭：智能手机会降低人们的认知能力》。这篇文章告诉读者，只要将一点点注意力放在智能手机上，人的思考能力就会下降。《大西洋月刊》上也有一篇文章说到过这个问题："智能手机降低了你的脑力，即使它只是被放在手边。"是的，手机会让我们变笨，就算我们只是把它放在身边，没有使用。

发明网络搜索引擎的初衷，是帮助人们整理接收到的大量信息。但在现实中，搜索引擎却让问题更加复杂。想想你上次使用谷歌搜索的情况，谷歌反馈给你多少条搜索结果？上万条，还是上百万条？在使用搜索引擎时，我们都会想当然地认为：在数据分析和算法的加持下，它可以将最好的搜索结果放在第一页。但当搜索结果数量上亿时，搜索引擎的弱点就出现了：它给了我们太多选择。你可能从未点击过前10位或前15位之后的搜索结果，更别说100位之后的了。所以总有人怀疑：搜索算法真的给了我们最好的结果吗？

在英国广播电台的一篇报道中，记者露丝·亚历山大说，谷歌会在我们输入搜索条件时进行自动填充，引导我们搜索最有热度的信息，而这一行为会让这些信息的热度进一步上升。她举了一个例子，当她在谷歌上搜索自己的名字时，得到超过6800万条结果。用她自己的话说："我没有写过书，没有主演过电影，你可能从来没听说过我。但我在网络上很强大。"她还说："即使你将自己的网络搜索能力磨炼到顶尖，自认为已经是一名'谷歌搜索大师'，也坚决不要相信这些数字。"

你可以将广告和社交媒体信息看成一个个的高尔夫球。现在想象一下：每30秒就有一个高尔夫球向你飞来，你可以很轻松地抓住它。但是，如果10000个高尔夫球同时向你飞来呢？你可能会紧绷神经、拼命应对，也可能像婴儿一样蜷缩起来，或者转身避开这些球。这就是数字、视觉信息和广告污染所造成的后果。这些内容会压垮人们，分散人们的注意力，稀释人们的声音，并大大削弱人类进行决策的能力。

这就是你身处的世界：你想传递出自己的声音，并且获得他人的关注，但这么想的不只是你一人。在一个注意力很容易就被分散的世界里，现在的你是无法被他人看到的。

90% 的信息都是微刺激

　　你是否经常出现这种情况：你正与另一个城市的同事进行视频会议，手机上还有一通电话处于等待状态，这时屏幕上闪出了脸书的信息通知，让你不由自主地想要去查看。从此刻起，你的大脑开始神游：家里的录像设备是否按照设定正在保存你最喜欢的直播节目？你最近是否冷落了另一半？是否给予了孩子足够的陪伴？是否给父母打过电话？是否按照约定与大学时代的好友重聚小叙？是否支付了这个月的信用卡账单？……现在，你的注意力已经被分散到了不同的人和事情上，而且每次分散都会进一步削弱注意力。

　　当面对直接威胁到自身生命的事情时，人类本能的"战或逃"的开关被打开，我们会变得更加敏锐，可以感知到身边的一切。但在生活中的大部分时间里，我们面对的信息都是散乱的、小规模的，比如电子邮件、短信、电话等。不断涌现的微信息平台带来了生活方式的巨大改变，让短时沟通变得越来越简单，越来越普及。

　　曾在苹果和微软负责新兴技术领域高管工作的琳达·斯通提出了一个短语——持续性局部注意力。她认为，大部分人会被巨大的信息量压垮，这让我们投入周围环境和新信息中的注意力持续减少，直至再也无法将全部注意力放在某件特定的事情上。

> 我刚刚打开邮箱，和往常一样没有什么特殊
> 的东西，有的只是无穷无尽的日常行程安排、项
> 目信息、旅行信息、垃圾邮件等。此时我发现自
> 己屏住了呼吸。

> ——琳达·斯通称之为"电邮呼吸暂停症"，
> 即在写电子邮件时呼吸暂停或减弱的现象

互联网让我们的生活发生了巨大的改变。这种变化几乎是瞬间发生的，而且影响力惊人。当然，第二次工业革命（大规模生产的出现，电灯泡的发明，发动机装配线和汽车的出现）也改变了人类生活，但互联网对人类心理、精神层面的影响是不同的，我们至今仍不能完全理解这些变化。我们可以看到汽车、电灯这样的现代化工具，但无法"看到"互联网，而它的影响要比汽车、电灯深远得多。可以说，我们一直在全新的数字世界中苦苦探索。

讽刺的是，为了找到抵抗信息冲击的方法，我们再次求助于技术，比如用垃圾邮件拦截器、弹出窗口拦截器等手段屏蔽那些不想看到的垃圾信息。从本质上讲，人类创造了一个技术食物链：新技术让日常生活更加方便、高效，但不久后就让我们感到不堪重负，于是我们又开发更新的技术来遏制之前的技术。

有多少次，你的朋友或家人因为科技产品的干扰而忽略了你说的话？这在我们的生活中经常发生，因为人们在发送短信、浏览网页或查看社交媒体信息时，往往因为太过投入而陷入失神状态。洋葱新闻网曾发布了一篇文章来嘲讽这种现象，标题是《从全国各地聚集到一起的亲戚们一起刷手机》。

文章虚构了一位28岁女孩的感想："回家一段时间了，花点时间跟亲戚们一句话都不说，这感觉真是太好了。不管是和妹妹一起喝着热可可，还是全家人一起享用丰盛大餐，所有人都低头查看手机信息，这才是真正的节日，你说是不是？"

这篇文章以嘲弄的口吻取笑了人们对科技的痴迷。我们都知道，当某人使用电子设备时，他会在精神上与周围的世界脱节。在这样的荒谬世界里，我们怎样才能获得持续发展所需的足够关注呢？

今天，我们已经习惯于收发超小容量的数据信息，并以之作为信息交流的正常方式。这意味着，当下这个技术的世界正在鼓励越来越短的"注意力持续时间"。但是，当所有这些微信息同时涌来时，我们会变得越来越麻木，因为它们的数量实在是太多了。

结果是，这些信息变成了棘手的负担，一种我们已经在不知不觉中习惯了的负担。在生活中，我们依赖广告、短信、电子邮件，以及其他即时交流方式带来的微刺激，但同时也会下意识地排斥它们。垃圾邮件过滤器以及其他广告屏蔽技术已经成为产值巨大的产业，这就是因为我们讨厌过度营销。

即使这样，也有一些媒体信息是屏蔽技术无法消除的，比如纸质杂志上的广告或者路边的广告牌，这意味着我们必须开发自己人脑内部的屏蔽机制。现在，大多数人已经对海量的广告麻木了。对，我们不仅被广告分心，还对广告麻木。不仅如此，我们还会将大多数自我推荐型的媒体信息与"炒作"和"不诚实"联系在一起，不仅不感兴趣，有时还产生反感，甚至都没有注意到自己这种下意识的拒绝反应。

如果说这些是人类屏蔽机制的积极一面，那么消极一面是什么呢？答案是：我们过滤掉了过多信息，包括一些非常有价值的。

> 如果爱因斯坦还活着，他会和我们一样：每天早起后，花上几个小时查看和回复电子邮件，然后收到一堆无用的通知。这样，我们就不会有相对论了。
> ——德鲁·休斯敦，著名云存储服务公司"多宝箱"创始人、首席执行官

人类大脑无法有效区分有价值的信息与单纯的广告，分辨信息的价值会让大脑不堪重负直至放弃。所以在社交媒体和移动设备兴起的过程中，我们会对身边的各种微信息（包

括真正需要获得的信息）变得更加抗拒甚而麻木。

在习惯了越来越短的碎片化信息交流后，我们很难集中注意力去处理更复杂、更大型的信息体。所以，现代人处于一种微妙的平衡之中：习惯于接受微小容量的数据，同时利用潜意识中的垃圾信息过滤机制排斥大部分数据的微刺激。其实在我们每天接收的信息量中，微刺激占了90%之多。

这种潜意识规则让营销人员们十分抓狂。人们无论在日常生活还是在工作中，都越来越难以相互倾听。现在，人们把更多时间花在"认为与自己相关"的信息上，专注交流的时间大大减少。

即时通信还会让我们产生一种"工作未完成"或者"检查不到位"的感觉，因为在一个24小时在线、全天候信息滚动的世界里，总有更多的事情要做。

今天，凸显自身并被他人注意的能力会迅速削弱。对个体来说，注意力被大量分散就意味着"隐形"——你无法被他人看到。就像一滴雨水落入大海，我们的声音被稀释了。

2. 稀释效应：
表达自己和赢得关注是两种能力

了不起的电视剧却没有机会让人看到

FX电视网曾推出了一部电视剧——《不灭之光》，由霍特·麦克卡兰尼饰演外号为"光"的拳击手帕特里克·利瑞。在剧中，这位前世界重量级拳击冠军因在比赛中被多次击中头部而罹患拳击痴呆症，为了养家糊口，他不得不为黑帮打工。

这是第一部以拳击世界冠军的日常生活为题材的周播电视剧，它粗犷、真实，充满了吸引力，人物形象复杂、细腻，主题表现也很到位。

数十家报纸、娱乐杂志和网站都纷纷称赞，认为《不灭之光》是近年来最好的电视剧之一。《好莱坞报道》用尽了溢美之词。电视剧评论家蒂姆·古德曼称该剧是史上最具吸引力的电视剧之一，并称赞主演霍特·麦克卡兰尼"像是从天而降，演技精湛，星光四射"。古德曼这样写道："他的表演将这部电视剧提高了一个档次，他对'光之利瑞'的外在表现与内在情感的演绎超出了所有人的预期，这是一场既精妙又充满力量的怪物级表演。你无法将目光从麦克卡兰尼的身上移开，就好像电视里伸出一只钩子钩住你一样。"

其他十几位评论家也纷纷附和古德曼的观点，称这部剧非常棒，所有演员都非常出色，麦克卡兰尼更是演技精湛。但是，《不灭之光》的收视率却起伏不定，尽管好评如潮，但仅仅播出一季就黯然下线。

其实，一部电视剧被评论家们交口称赞，但仅仅播出一季就草草收尾，这种情况并不少见。以耿直、敢说真话而闻名的 FX 电视网总裁约翰·兰德格拉夫曾坦率地谈过这个问题，他十分喜欢《不灭之光》，对于取消这部电视剧，他是这样解释的：

> 不管这部剧有多棒，问题是：它是观众们的追剧首选吗？它足够好吗？……我查看了一下数据，1月和2月，有线电视网有18部原创电视剧首播，还有18部老剧的新篇章回归，无线电视网上也有16部新剧首播。也就是说，仅仅1月和2月，在电视网上播出的新剧就有52部。想一想，这就是《不灭之光》首播当晚激烈的竞争环境。

《不灭之光》男主角饰演者麦克卡兰尼回忆道："那段时间真的非常艰难。我知道约翰喜欢这部电视剧，他经常称赞这部电视剧和我的表演。但是，我们没有获得足够的收视率。我感到痛苦无比，因为这是我这20年来得到的第一个主演角色，为了这部剧的成功，我已经使尽浑身解数。"

巨大的信息噪声稀释了个体信息的力量，你可以把这想象成一种化学反应：反应的强度与参与反应的化学物质剂量成正比，一旦稀释了这些化学物质，反应的强度就会降低。这就是稀释所做的事情——它削弱了我们的感觉、体验，以及我们原本的力量。

回想一下前文中琳达·斯通的"持续性局部注意力"概念——随着注意力的不断分散，人们无法再集中精力做某事。我们大多会从自我角度来看待这个概念，发现自己常常分心，被过量的信息、无处不在的电子设备和"食物链式"的技术所左右，当某样东西多到让人不堪重负时，我们就会拒绝它。

但我们很少想到，这种将全世界连接起来的沟通新方式，正是由那些想方设法与他人接触的人们创造出来的。更重要的是，这种新方式的出现意味着每个人都有机会让自己的声音被他人听到。但是，如果一个人对所有信息都只给予部分关注，并拒绝接收对自己定向发送的信息，那么那些试图与他接触并获得他关注的人的声音就不会被真正听到。正因为如此，不管你是艺术家还是行业专家，所有人都在被不断增长的信息内容稀释着，其交流对象的注意力也在不断减退。我们能感觉到这一切。

所以，你必须找到自己的方式，让那些注意力被分散的人们看到、听到你。

其实，对那些天纵奇才、绝妙创意以及优秀产品来说，抓人眼球并不很难。但是包括麦克卡兰尼在内的大部分人都被超过自身能力极限的巨大压力死死压住，就像光被灭掉般被遗弃在黑暗之中，徒劳地挣扎着。

科技产品和服务会在让我们聚集的同时把我们分隔开，不管你怎样积极寻求与他人的联系，都没有用。当这样的产品和服务过多时，人际连接就会变得脆弱。在《纽约客》上刊登的一篇文章中，作者安·弗里德曼指出：人们面对海量的在线交友个人资料却毫不珍惜，在线交友越来越像超市购物，用户们会不停地滚动鼠标、查看异性资料，最终将交友变成了一种冷漠的"产品筛选"过程。

弗里德曼以一个在线交友服务使用者的角度写道：

> 下一个，再下一个。系统推送给我的男人都长着浓密的胡须，所以我仔细检查了个人资料，确保自己没有在无意间表示喜欢山羊胡。突然间，我的手机屏幕上出现了一条来自陌生人打招呼的信息。我尖叫着把手机扔到沙发上，好像这样可以把对方驱赶出我的在线空间。尽管我知道这些

男人无法得知我的确切位置，但我常常感觉自己
被逼迫得无所遁形。

　　现在，很多人觉得伴侣就像超市里的巧克力棒或早餐麦
片一样可以随时更换。曾经，我们会停在第一眼看到的早餐
点心前而忽略其他选择。但是，当选择越来越多时，我们开
始变得不那么认真。寻找生活上的伴侣，本应该是一项更加
专注、更加具体的活动才对。不过也不要过分责怪现代人的
轻浮，正如有人所说，不要恨球员，要恨就恨比赛。
　　线上交友的个人资料数量极其庞大，如果你的资料也在
其中，那就意味着你被稀释了。无论是主动浏览后选择他人，
还是发布个人资料并希望他人主动联系你，都会让你感到沮
丧，因为你寻找的是一种人际关系，但在交友网站上这是不
可能实现的，至少建立深层关系是不可能的。
　　在某种程度上，每个人都有着和弗里德曼以及那些在线
交友用户相同的感觉：我怎样才能找到合适的人？我是不是
有什么问题？这些想法会将焦虑带到现实生活中，我们会不
由自主地想："我也许只是一份可以随时被忽略的个人简介，
或是一个等着打钩的复选框，又或是一件注定被他人忽略的
消遣物。"当你回顾过去一段时间里进行过的选择时（包括生
活中无数细小的抉择），所有负面体验都会蜂拥而来。稀释导
致了情绪、精神和身体的崩溃。
　　想在这个一切都过量的世界中抓人眼球，就更要凭借被
他人看到、听到的能力，而不是天赋、运气和技巧。

有些人的成功会让我们感到困惑，比如平庸的演员、无能的老板、音痴的流行歌手，还有无脑的政治家。看到他们时，我们会不由自主地皱起眉头："为什么这种人能成功？"

　　大多数人认为，一个人的成功应该取决于天赋、勤奋、智慧、领导力和运气。当然，个人魅力和漂亮外表也起了一些作用。人们相信，如果自己拥有相同的条件，那么自然也会获得相同程度的成功。然而事实是，这些因素对成功的影响比你想象的要小很多。对成功来说，最重要的是有能力从人群中脱颖而出，确保你的信息被他人听到。

　　在这个媒体信息饱和的时代，能够脱颖而出本身就是一种天赋。不管你在其他方面有多优秀，只要没有被他人听到的可靠渠道，你就会失败。另一方面，一个能脱颖而出、迅速抓人眼球，但不那么有才的人，反而会获得成功。

　　想象一下曾经的求职方式，大部分人会查看报纸上的招聘广告，或许还会查找特定行业和职位，但他们的最终就业还是会受到当地工作岗位需求（数量和类型）的限制。今天，随便登录一家招聘网站，你就有数以万计的选择。但这并不是一件好事，因为求职者为了选择最适合自己的职位，往往会尝试浏览所有信息——这一过程会严重增强他们的焦虑感。

　　对于雇主来说情况也是如此，他们会收到大量的求职申请，多到超出处理能力。这也会让他们感到不安，因为可能错过那名"完美"的员工。海量选择看似是机遇的恩惠，实际是不祥的诅咒。与只有报纸和职介机构的时代相比，现在的网络求职不仅艰难，而且竞争空前激烈。

随着美国经济开始下滑，数千万人选择通过招聘网站寻找工作，像雅虎这样的门户网站从中赚取了数十亿美元。但是，我们先不说获得职位，有多少人通过在线招聘网站获得了面试机会？

如果你的生活已经入不敷出，那么这一纸石沉大海的简历会让你更加沮丧，甚至厌烦人生。哪怕你还没有到走投无路的境地，但在网络这个无边无际的宇宙中大声表达自己的期待，却没有人真正倾听，这也会让大部分人变得焦虑、暴躁、抑郁、麻木和冷漠。

更可怕的是，即使最终通过招聘网站找到工作，你也会对自己产生深深的怀疑。这一切的幕后元凶就是稀释效应，光是想到这一点就令人感觉郁闷。

技术在帮助人们获得就业机会的同时，也减少了人们获得新工作的机会。

不仅是寻找工作，在生活中的每时每刻我们都要（或者说被迫）推销自我。但生活中的所有事情都在不停地稀释我们的声音，当知道自己身处信息的汪洋中时，一种渺小、无力的感觉就会如影随形。那感觉就像耳边总有个低沉的声音，你可能没有意识到它是什么，但能感觉到它的存在。

对赢得尊重的需求是人类基础的内在需求之一，我们需要对自己进行独特的定义和表达，与他人区分开来。心理学家亚伯拉罕·马斯洛通过需求层次理论解释说，在基本生理需要（食物、空气和睡眠）和安全需要（住所、安全环境）得到满足之后，需求金字塔中最上层的两个需求——社交需求和尊重需求，将会极大地影响人们的认知。长时间无法找到工作会对一个人的自尊产生打击，这说明人们在感到自己被稀释得无法让他人看到时，内心会受到极大伤害。

这种伤害会以逃避现实、成瘾行为和精神不稳定等方式表现出来。许多研究表明，缺少人际沟通会导致严重的心理问题，最极端的例子就是单独被监禁的犯人。单独监禁是一种极端的隔离方式。在生活中，数字技术也会在心理上将人们隔离开，产生一种类似单独监禁的效果，当然更为微妙。

我们每个人对不同程度的隔离都会有不同的反应，但这并不意味着我们能够充分理解"数字沟通方式的增加反而减少人与人之间的联系"这一情况产生的负面效应。在《犯罪与未成年犯罪》期刊的一篇文章中，作者克雷格·哈尼写道："人们的行为和自我认知都来源于社会环境，这几乎已经是常识，而且很多实证研究都支持这一点。"

当感到被隔离时，我们会认为没有任何方法可以让他人注意到自己，抓眼球的失败让人产生悲观、消极的想法，觉得自己永远无法获得成功。

所以说，抓眼球的能力非常重要，它与人类的自信以及情感的持久性密不可分。一旦被稀释效应打败，很多人就会放弃再次尝试，进而变得越来越孤立，声音也越来越微弱。

想要克服信息过量带来的障碍，在竞争中脱颖而出，重点不仅仅是如何传递信息，还要理解他人对获取信息方式的偏好。概念块——一个被不断重复的、简洁大方的图像——就是人们最喜欢的信息接受方式。

给人们更少选择，才能激发更多行动

从表面上看，能做选择是一件好事。但是，就像过多的信息会导致声音被稀释一样，过多的选择不仅会让提供选择的人很难抓人眼球，也让那些做选择的人难以决定，因为在面对过量的选项时，人的大脑会一片空白。

著名的心理学家、社会学教授巴里·施瓦茨出版过一本非常受欢迎的书——《选择的悖论》。在书中他谈到，每一次去超市购物或去医院看病都要做无数次选择，这让人心力交瘁。

也许你认为在超市多待几分钟不是什么大事，但积少成多，将这些决策时间全部累计起来，情况就不一样了。浪费在挑选零食上的大量时间本可以用在其他事情上，比如工作、创新性思考或是人际沟通。现实生活中，过多的选择会消耗大量时间和精力，迫使我们将注意力放在事物的表层，让我们在面对重要事情时难以进行深入的探察和体验，只能像蜻蜓点水一样轻轻掠过。

关于人们如何做选择的科学研究有很多，其中一项名为"果酱选择"的实验经常被提及。这项实验由选择领域的两位专家主持——哥伦比亚大学的席娜·伊加尔和斯坦福大学的马克·莱珀，他们曾发表过多篇关于这一主题的学术论文。

"果酱选择"的实验内容是这样的：伊加尔和莱珀在超市里设置一个摊位，为购物者提供不同口味的果酱试吃，有的购物者是在品尝6种果酱后决定购买与否，有的则被要求品尝24种果酱后再做决定。两位专家发现，品尝较少口味（6种）后购买果酱的购物者比品尝较多口味（24种）后购买果酱的购物者多10倍。

尽管有很多人驻足品尝了24种果酱，但到了要发生购买行为时，他们却往往拿不定主意，最后索性不买了。这是因为选项太多时，购物者投入每项中的注意力会被分散；而当选项较少时，他们会对自己的选择行为感到更有信心，从而增加购买行为。在这个结果清晰、令人信服的实验中，伊加尔和莱珀明确指出：选项越少，参与意愿越强，做出决策也越容易，人们的反应也越积极。

对人类大脑来说，选择越少越容易处理。

马尔科姆·格拉德威尔在《眨眼之间：不假思索的决断力》一书中这样总结了伊加尔和莱珀的"果酱选择"实验："品尝了6种果酱的试吃者中，有30%掏了腰包；但当试吃果酱增多至24种时，只有3%的试吃者最终购买。这是为什么呢？因为购买果酱是一种瞬间决策，你的大脑会下意识地对你说'我想要这个'或者'我想要那个'。而一旦你面对的选择太多，思考对象的数量超出了潜意识能够轻松应对的范围，你的大脑就会一片空白。"

而且别忘了，选择果酱口味只是一种低风险决策。

较少的选择不仅可以创造更简单的决策环境，还可以激发人类情感中积极的一面，让人们更容易投入其中并采取更多行动。伊加尔和莱珀的研究并非个案，一项针对产品销售的研究也显示了类似的结果——减少产品种类，会提高产品的整体销量。

　　《纽约时报》发表过专栏作家艾丽娜·图根德的一篇文章。图根德在文中引用了"果酱研究"，讨论了信息过载和决策之间的关系。她解释了为什么过多选择会让我们不堪重负，甚至还用自己的痛苦经历（如寻找互联网服务提供商）来现身说法："那些公司关心的不是我的利益和需求，而是我的钱——我可不想当个傻子。"向顾客提供过多选择，会给他们一种被人操纵的压力感。

　　你看，只是提供更少、更简单的选择，就可以促成更多人购买或签约，而不是推迟决策。这就好像我们在经济学入门课程中学到的供求曲线一样：某种东西数量越少，它的价值就越高；如果数量过多，价值就会降低。

　　虽然这一说法似乎违反人类直觉，但人们并不是真的想要无限多的选择，因为这个选择过剩的世界已经把做选择变成了一件痛苦的事。

　　为什么做选择会让人的大脑一片空白呢？弗洛伊德有一个名为"自我损耗"的假说，即我们的精神活动也会消耗人体能量。随后，社会心理学家罗伊·F.鲍迈斯特追随弗洛伊德的脚步，通过一系列实验证明了人类用于自我控制的精神能量是有限的。再后来，鲍迈斯特的博士后学生简·腾格在为自己做了一次婚礼策划并疲劳不堪之后，开始了一系列关于"决策疲劳"的研究。她的研究结果是：在一天当中，与没有进行过太多决策的人相比，那些已经进行过很多决策的人，其意志力与自我控制能力都会被大幅削弱。就像"卢比孔模型"显示的那样：大量的选择和决策会让人们进入虚弱、麻木的心理状态。

更重要的是，过多的选择会导致过多的信息传递，对人的心理产生严重的负面影响。

根据前文提到的巴里·施瓦茨的说法，过多的选择会造成：

1. 一定要做出正确选择的焦虑与压力感；

2. 大脑无法运转，或者因不想犯错而干脆放弃选择；

3. 无论最终做出的决策是什么，自己都不满意，并总是认为有更好的选择；

4. 因为做了错误的决策而自责。

施瓦茨在 TED 演讲中表示，他认为过量的选择是导致现代社会抑郁症发生率和自杀率飙升的原因之一："在做出决定后，人们常常会感到失望，因为对自己决策能力的期望太高了。然后，就会将这种失望归因于自己做错了事。"过量选项造成的"机会成本"会使我们对自己做出的选择感到不满，怀疑自己是否做出了最正确或最好的选择。举个例子，假设我们进入一家超市购买早餐麦片，货架上不仅有早餐麦片，还有许许多多类似的早餐食品。在这种情况下进行选择，会让你感到沮丧和焦虑。

这种感觉具有和稀释相同的心理破坏效应。人们会为自己是否能被看到或听到而焦虑，为自己不能被看到或听到而紧张，因自己也许永远不能被看到或听到而感到麻木以至无法行动。人们甚至会这样想：为什么要做尝试呢？

所有这些负面情感都来自"被稀释感"。抑郁来自对生活的不满，因为我们没有被看到或听到，或因为无法将自己的信息传递出去，无法被他人认可，无法实现自我价值。

在这些负面情感的压力下，不管你来自哪个社会阶层，都有可能做出消极举动。当对自己失去信心、看不到任何希望和未来时，人们就会表现得对未来漠不关心。所以，对很多人来说，被稀释意味着痛苦。

我们正逐渐消失在一个充斥着信息、服务和消费品的世界中。不管你是否意识到，那些影响到我们所有人的决策和选择疲劳都真实存在，而且有据可查。《纽约时报》曾刊登过一篇精彩的文章，探讨了从购买汽车到购买肥皂等一系列个人决策背后的社会心理学因素。所有案例都明确显示，商家提供给消费者的选择越多，消费者的关注度就越低，购买意愿也就越淡薄。面对选择，人们已经非常疲累。我们不愿意去关注、思考那些过多的选项；相反，我们比以往任何时候都倾向于切断与这一切的联系。

过量选择与稀释效应密不可分，它会进一步淡化你的个体价值，削弱你对世界的影响。成千上万新产品和服务的涌入，再加上信息过载，这一切会彻底淹没你和你的产品。和过量信息带来的冲击一样，过量选择会分散你的注意力，让你的精神不堪重负。

　　科学技术不仅增加了人们接触到的广告数量，还增加了人们面对的选项数量。比如你想要坐下来看一档节目，那就不得不决定打开哪个网站或设备，这将涉及一系列选择，简直会让头脑爆炸。你看，无论是在超市购物还是上网冲浪，我们面临的选择都太多太多，多到没有人可以消化。这些过量选项让你的声音、你的作品、你的事业、你的生活变得更渺小，更难被他人看到。

　　是的，你正在与大量的产品、服务和人争夺注意力，所以你必须学会使用概念块，这样就能为受众们提供清晰、简单、明确的选择，让他们的"决策疲劳症"得到缓解。

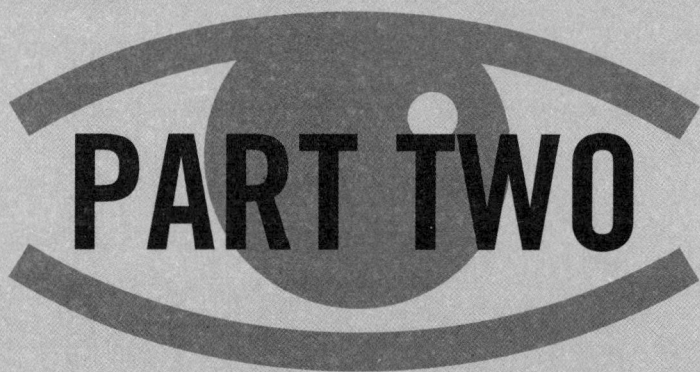

PART TWO

第二部分

概念块是抓眼球的最简单工具

切尔·松恩是一位与众不同的综合格斗家，居住在美国西北部地区。他的经历与之前所说的"被稀释"正好相反：他因为与生俱来的天赋和刻苦努力而被看到，最终获得了成功。

　　在近十年时间里，松恩一直是一名排名中游的综合格斗选手，在这段时间里，综合格斗也在与其他很多小型格斗的比赛组织进行激烈竞争。2005年后，UFC（终极格斗冠军赛）作为综合格斗的代表赛事加速了这项运动的推广，使其成为格斗界的主流。现在，综合格斗已经是世界上发展最快的运动之一。

　　松恩曾是俄勒冈大学的摔跤手，在东京举办的2000年世界大学生锦标赛上获得过古典式摔跤的银牌。尽管他在大学里就取得了相当程度的成功，体能方面也很有天赋，但作为一名综合格斗选手，他从未获得格斗迷们的最高认可。或许是因为当时这项运动正在蓬勃发展中，选手们都很难脱颖而出。就这样，松恩作为一名普通熟练工奋斗了近十年。

　　综合格斗几乎包含所有的武术流派（摔跤、泰拳、拳击、巴西柔术等），是一种成熟的格斗比赛形式，拳打脚踢、抱摔锁喉，目的就是让对手拍地认输。当这项运动在2010年达到流行高峰时，松恩已经33岁了——对综合格斗的选手们来说，这已经是接近退休的年龄。但就是在2010年至2012年，松恩一展雄风，获得了耀眼战绩，这在任何职业运动中都是非常罕见的。

在短短三年时间里，松恩参加了两个不同体重级别的共三场 UFC 冠军赛，成了这项运动的顶级选手之一，变成一名国际巨星。令人惊讶的是，在同等成就的综合格斗选手中，他是唯一没有获得过冠军头衔的人，至少在当时是这样。

也就是说，松恩永远是冠军的争夺者，虽然从没有拿过冠军，却成为 MMA 领域最引人关注的选手之一，有很多人喜欢看他的比赛。

这是为什么呢？

因为松恩发声了。他用自己那敏锐、富有诗意，有时还很不讲理的大脑去推广自己。于是，公众纷纷开始赞扬他的格斗天赋，这是以往从未发生过的事情。松恩的影响力不再被稀释，尽管从未获得过 UFC 赛事的冠军腰带，但在35岁时他已成为最优秀的综合格斗选手。

松恩惊人的运动天赋一直都在，为什么他之前无法获得肯定和赞扬呢？一切都发生在一系列有争议的采访后。有一次，他跳出来对两位最受尊敬的综合格斗选手开玩笑——巴西双胞胎兄弟罗杰里奥·诺奎拉和罗迪里奥·诺奎拉：

> 当诺奎拉兄弟来到美国时，我正在拉斯维加斯。
>
> 有一天，他们兄弟俩看到一辆公共汽车停在红灯前，

大诺上去温柔地抚摸着汽车，竟然认为那是一匹马。小诺则想要给它喂胡萝卜。这是真的，他甚至想给公共汽车喂胡萝卜。现在你告诉我他们国家有电脑？我真不敢相信。

这段故事在巴西广为流传，并成了全世界综合格斗选手在休息室闲聊的谈资。这一举动让松恩开始了抓眼球的第一步，综合格斗的粉丝们注意到他，对他的每一句话都念念不忘。不管是爱他还是恨他，人们都想知道还有什么事会从他嘴里冒出来。松恩的采访和记者招待会成了所有人关注的大事，而他似乎总能说出一些有趣的东西。

尽管饱受批评，松恩还是在媒体面前不断重复他的荒唐举动。比如有一次，他甚至戴着一条假的 UFC 金腰带上了电视，并声称自己才是实至名归的冠军。还有一次，他毫不避讳地说安德森·席尔瓦这位无数人心目中最伟大的综合格斗选手"烂透了"。要知道，当时格斗迷们对席尔瓦几乎是集体膜拜，因为他从没输过，还经常以令人瞠目结舌的方式轻轻松松击败对手。松恩的恶言恶语立刻引发了媒体的狂热。

松恩无情地嘲笑了席尔瓦，因为他的确拥有与这位传奇斗士一战的技巧与实力。不过在随后与席尔瓦的一次比赛中，松恩因为偶然失误，以微小的差距落败。切尔·松恩与安德森·席尔瓦一共进行过两次史诗般的战斗，并为 UFC 创造了单次付费收看的新纪录。后来，席尔瓦围绕这两次比赛制作了一部长篇纪录片，还把松恩在片中描绘成了自己的死敌和最强大的对手。

　　没错，松恩的很多行为招人讨厌，但也让他成了粉丝们的最爱，被称为"来自俄勒冈州西林恩的大哥"。他很快成为世界上最受关注的运动员之一，特别是在美国之外那些喜欢综合格斗的地区。凭自己言论产生的巨大影响，他当上了电视节目主持人和格斗分析师。

　　知名体育节目主持人吉姆·罗马曾调侃道："在所有体育项目的运动员中，切尔·松恩是最会说垃圾话[1]的人。"UFC主席达娜·怀特评论说："自穆罕默德·阿里之后，我从未见过这样讲话的人。"松恩那些坦率、深刻但又离谱的言论甚至被出版成书。

　　生活中的切尔同样心直口快。他在俄勒冈大学练习摔跤的同时获得了社会学学位，有一次面试官指责他口无遮拦，他就拿出了自己的学位进行反击。据松恩的柔术教练斯科特·麦格理所说，松恩会有这样的行为毫不奇怪，因为从孩童时代起，他心中的英雄就是穆罕默德·阿里。

　　"吹牛"是指一个人说到却不能做到。我是
说到做到。

——穆罕默德·阿里

————————

1　垃圾话指的是在体育比赛中，选手为了打压对方士气而说出的包含讽刺或诋毁意味的话，常在特殊时刻使用，如篮球赛罚球时。

松恩的名气越来越大，有YouTube用户制作了几十个视频，专门介绍他的出格言论和奇闻逸事。通过这些视频，人们很容易就能看到他的巨大影响——他的言论炒热了两次精彩的冠军赛，而他也从中赚了很多钱。

丹·亨德森是松恩最亲密的朋友之一，也曾是综合格斗的世界冠军。他在接受采访时说："我想，我应该放弃训练和求胜心，找个学校好好学学怎么说垃圾话。"综合格斗冠军宝座的有力争夺者菲尔·戴维斯和谢恩·卡温也表达了类似的想法，说自己愿意跟随亨德森一起去垃圾话学校学本事。

几年前，兰斯·阿姆斯特朗坐在奥普拉·温弗瑞的沙发上，公开承认自己使用兴奋剂，当时松恩以"虚伪"形容这位自行车运动界的偶像：

> 兰斯·阿姆斯特朗做了很多会让自己身患癌症的事情。他作弊、使用兴奋剂，就是这些让他得了癌症。但是，他没有说"嘿，听着，我在比赛中作弊，并让自己得了癌症，千万别学我"，反而说"嘿，可怜可怜我，让我们找到治愈癌症的方法"，并且因此获利1500万美元。他从没说过："你们都看看我做了什么。我搞砸了自己的事业和身体，希望人们能从我的错误中吸取教训。"

松恩因为攻击这位美国运动英雄而饱受非议，但也得到了更多的关注，特别是那些深受阿姆斯特朗抗癌基金会鼓舞的癌症幸存者们——这些人对松恩的言论无比愤怒。后来，相似的经历发生在松恩自己身上。2014年，松恩三次因兴奋剂检测呈阳性而被判禁赛两年，同时还被福克斯体育解除了待遇丰厚的综合格斗分析师一职。

而松恩是怎么应对的呢？他没有从公众视线中消失，反而再次使用起自己的成名套路：坦率、大声地谈论自己的违规行为。

谈到使用兴奋剂的问题时，他对记者说："我不会回避这个话题，即使这个话题让我羞愧无比。"松恩的违规行为和他的垃圾话一样让他一直处于公众关注之中。

尽管他一度失去了粉丝和公众的宠爱，但这种情况只持续了非常短的一段时间。在福克斯体育解雇他不久后，这位退休拳手就加入了福克斯体育的竞争对手——ESPN 体育频道，担任综合格斗解说员。这一职位和他在兴奋剂丑闻爆发前的职位一样引人注目，且收入丰厚。令人难以置信的是，松恩加入 ESPN 没过几年，UFC 就终止了与福克斯体育的合约，转而与 ESPN 达成了长期合作协议。这一变动让松恩作为综合格斗评论员和分析师的职业生涯达到了顶峰。

"我们知道切尔·松恩过去犯过一些错误，"ESPN 的一位高管在宣布聘请松恩时说，"但他很诚实，对自己犯下的错误直言不讳，并且已经为这些错误付出了代价。他对这项运动的观察和思考还在不断深入当中，收看他的节目，我们的拳迷们也会更有收获。"

尽管松恩为自己一贯的出格行为感到自豪，但他严守着最重要的一点：不去冒犯大众。松恩的行为模式有其自身逻辑：当某件事情引起广泛关注时，人们会研究它，长时间盯着它，仔细地审视细节，并且不断讨论；如果你能在这时提供一些可供谈论的特殊话题（松恩虽然做得有瑕疵，但还是做到了），那么人们就会注意到你，还愿意给你更多的机会。松恩直面自己的问题，多次承认自己的错误，这让他比别人更受欢迎。

切尔·松恩，这位从未获得过世界搏击冠军头衔的拳手，在搏击之外的领域得到了更大的成功。现在他住在波特兰，我恰巧也住在那里。我认真观察了身为格斗分析师、父亲、丈夫和儿子的松恩：他是一位超级明星，但总是毫不犹豫地帮助他人。他认为自己的使命就是回馈令他成名的格斗界。虽然他没有赢得过金腰带，但我们可以说，他在过着世界冠军的生活。

如果某件事是真实的，不管它多么糟糕，人们都会注意到它，并且得出自己的结论。一旦遇到吸引自己的信息，人们就会进行更持久、更仔细的观察，注意到更多细节，不管这些细节是好是坏。

几年后，一个来自爱尔兰都柏林工人阶层的年轻人，受到铺天盖地的宣传活动的影响，加入了UFC。在短短几年时间里，这个叫康纳·麦格雷戈的人从依赖社会福利为生，摇身一变成了身价超过一亿美元的富翁。他是史上最成功、最富有的综合格斗选手，打破了UFC有史以来所有的单次付费观看纪录，同时成为该比赛中首个双重量级的世界冠军。康纳常常被形容为更强、更野，也更会说垃圾话的松恩，有人甚至说他在言语技巧上已经超越了传奇巨星穆罕默德·阿里。在职业生涯历程中，康纳或许并没有刻意套用松恩的成名之法，但是他肯定意识到，对于一个努力维持生活的都柏林人来说，公众的关注就意味着机遇与金钱。

这就是切尔·松恩的案例。你可能不喜欢他这个人，或者对他的言论感到不快，但仔细研究后就会发现他是一位远超大部分竞争者、值得被称赞的格斗选手。松恩是一个很好的例子，展示了如何运用概念块的思维，打破对个人声音的稀释，从人群中脱颖而出、抓人眼球，并最终取得成功。

1. 概念块起作用的原理

人类天生就能接受概念块

童年时的生活无论好坏都非常简单，随着年龄的增长，生活变得越来越复杂：纳税、工作、女友、男友、妻子、丈夫、老板、车贷、房贷、还款期限、房屋修理、汽车修理、保险、信用卡、社交网络、工作电脑、家用电脑……

在童年，我们根本不需要处理那么多复杂的事情，孩子喜欢的都是大型的、简单的事物。在工作和生活中我发现，成年人也有与孩童一样的反应，仍然会下意识地被那些更大、更简单的物体和环境所吸引，比如气势恢宏的美国大峡谷，或者是笨重的工程机械。我们的目光总是会投向那些与周围环境相比规模更为庞大的东西。

理解并使用这一原理，我们可以改进自己传递信息的方式。

约翰·洛克是最伟大的启蒙思想家之一，他曾告诉人们：所有人生来都是一张白纸，一个孩子最终会成长为什么样的人，完全取决于他所处的环境。他还有一个关于学习的观点，对我们掌握概念块的使用来说也非常重要。

时光变迁，儿童玩具经历了一代又一代的变化，从洋娃娃到玩具汽车，再到电子玩具，但是有一种学习型玩具在三百年的时间里几乎没改变过，那就是字母积木。这种最早出现在17世纪英格兰的玩具，给专注于人类成长研究的洛克留下了深刻印象，他称赞字母积木的出现是培养儿童早期读写能力的一个重大突破，玩字母积木是培养儿童对文字兴趣的最佳方式。

孩提时代的我们，无论是观看电视节目还是阅读图画书，都会在那些大的、醒目的、重复的图像上集中注意力，这些图像会以极简化的视觉方式来呈现数字或其他内容。在动画片《芝麻街》[1]中，从一数到十可能需要一分钟时间，与此同时，巨大的数字充满了整个电视画面，屏幕角落里还会蹦出一些动画人物来插科打诨。我们的小学数学课本也会使用真实的苹果馅饼图案来解释分数概念，这些图案其实就是一种概念块。

其实，无论年龄多大，我们都可以使用这种方式进行学习。可以说，我们之所以经常回忆过去看过的知识性动画片，一个重要的原因就是这种简单明了的学习方法给我们带来了原始的舒适感。**人们在看到一件事物产生即刻影响时（比如一**

1　《芝麻街》是美国公共广播协会（PBS）制作播出的儿童教育电视节目，综合运用了木偶、动画和真人表演等各种方式，向儿童教授基础阅读、算术、颜色、字母和数字等基本知识。

块多米诺骨牌碰倒另一块骨牌）会有一种舒适感，而那些能够让我们迅速、轻松理解的事物（比如巨大的符号），也会触发这种感觉。

环境对人类的成长有着明显的影响，大的简单图像往往会给婴幼儿发育中的大脑留下深刻印记。正如心理学家海格·库尤迪让在杂志《今日心理学》上发表的文章所示，人类大脑中负责图像处理的区域比负责语言和文字处理的区域要大上好几倍。因此，在一个交流过于复杂的世界中，大型物体会对人们产生更加深远的影响。《实验教育杂志》发表过这样一项研究：两组学生阅读同一篇文章，其中一组文章配有相关图片，另一组文章没有图片。多次实验的结果一致显示，阅读了配图文章的学生，对内容的记忆量更大，知识获取率也更高。简而言之，图像可以帮助人们学得更好，记得更牢。

然而现实情况是，随着年龄的增长，人们慢慢摒弃了这种最基础的信息传递方式，这无疑是错误的。概念块带给我们的真正启示是：无论年龄大小，人们都极度偏爱那些巨大的、醒目的图案，并乐于从中获取信息。1984年发表在杂志《教学科学》上的一篇文章指出，信息越复杂，视觉辅助工具的作用就越大。换句话说，一件东西越复杂，视觉元素（比如概念块）就越能突出其重点。

我正是以积木玩具为灵感，提出了"概念块"这个概念。对一个蹒跚学步的孩子来说，积木玩具有一种难以抵挡的魅力；对成年人来说，概念块也有类似的作用。任何内里复杂但表面简单的事物，只要能够被看见，我们就会像看到红灯之类的警告标志，立刻把注意力放在上面。

总而言之，概念块之所以有效，是因为简单的大型事物会带给人舒适感。当复杂信息与一个巨大、突出的图像或语句摆放在一起时，一件不可思议的事情就会在大脑中发生：这个图像会安抚我们。它尺寸巨大、形象清晰、能够立刻被感知，并让我们觉得，无论信息多么复杂，我们都可以将其与这个图像联系起来。在商业咨询活动和公开演讲中我观察到，一旦打开幻灯片，讲台下的观众就会露出满意的表情，即使幻灯片枯燥无味，人们也会甘之如饴；当我使用图片配合演讲内容时，听众们的脸上一片安然。**将超大、简单的形象当作复杂信息的锚点**，这就是概念块的工作原理和运行关键。

人类的思考离不开脑海中的图画。

——亚里士多德

巨大、醒目的概念块可以让一切复杂信息变得更加容易理解。如果想要传递某个复杂信息，你可以将它与概念块联系在一起。这样人们不仅仅会驻足观看，还会被你的信息吸引，并发自心底地感到好奇和着迷。这就是人类感知上的条件反射。任何包含着复杂信息（或者会引出复杂信息）的简单概念块，都具有强大的能量——我们会在后面章节中进一步解读。一条拥有简单形象的复杂信息，会像玩具积木上的字母或图像那样深深吸引住我们。

互联网上有成千上万的视频，我们很容易发现：大型机械的视频不仅能吸引孩子的关注，还能安抚他们。这些视频的名字往往是"推土机和挖掘机"或者"超强机器"，内容也非常简单：没有特效，没有音乐，也没有旁白，只有重型机械在搬运泥土、倾倒沙子、挖掘地洞，等等。令人惊讶的是，这些未经加工的视频可以吸引孩子们一连看上几个小时……实际上，被吸引的不仅仅是孩子，成年人也是如此。

著名企业家、投资家、FUBU服装公司创始人戴蒙德·约翰曾在真人秀节目上分享他的亲身经历："去年我在迈阿密海滩上散步，那里有一个建筑工地，工人们正在操作机械设备搬运沙子。我就静静地站在那里，看着他们施工——等我回过神来，已经过去了三个小时。我被彻底迷住了。"

当看到大型机械在进行让人一看就懂的工作时，所有人都会产生一种"不想离开"的平静感。同样，当某个事物以"招牌"式概念块（比如电影院入口上方的巨大文字招牌）的形态出现时，人们也会立刻产生一种被催眠似的平静感，这让他们更容易接受概念块所传达的产品或服务信息。

一旦与概念块结合，任何东西都更容易被感知。在这个繁忙不息、注意力高度分散的世界中，我们更需要让自己的概念块变得更大、更简单、更醒目、更突出。不管使用怎样的媒介或工具进行交流，如果你想让他人看到你，那就必须有意识地使用大型的、突出的、单一的概念块作为第一接触点。

然而人们都会在不知不觉中陷入知识的泥潭，一心想要展示自己思想的深邃和复杂，这种做法会削弱我们想要传递的信息。概念块的作用恰恰相反，它会将人们带回到人类最基础的信息接收机制中。在这一机制下，人们可以瞬间就分辨出重要的事物。

人们常说"只见树木，不见森林"，但今天的问题恰恰相反，现代人每天都在遭受着信息的轰炸，无法从信息森林中找到单独的树木。如果每个人都需要在森林里找到一棵树，那作为信息提供者的你为什么不直接给他们一棵树呢？如果你想为解决信息过量出一份力，那就需要直面受众身处的嘈杂环境。

这就是我们生活的环境，在这样恶劣的条件下，你的概念块可以成为人们的精神依靠。换句话说，当有一大堆东西像潮水一样涌来时，我们需要抓住其中一个或多个巨大的、坚实的东西——这就是你的概念块。

那么，你应该从何处着手呢？在接下来的几章中，我们将会看到若干概念块的成功案例——从建筑到艺术作品，再到沟通交流，各种形态应有尽有。

实际上，概念块无处不在，你已经在某种程度上使用过它们，只是还没有意识到，所以无法持续、有效地利用它们。

概念块是一种向人类大脑发送信号的方式。所以说，它无法改变你的内在本质，而是**帮助你让内在本质的某一部分更加突出、醒目，并将其打造成你形象的一个标志**。一旦理解了概念块的原理和组成部分，你就可以创建出代表你自己的、简单醒目的概念块，然后，你要不停地重复它——这会让周围的人注意到你，并对你产生浓厚的兴趣。

从最初的文明开始，人类就把自然视为追求完美的标杆，并努力模仿自然世界中的完美事物。比如，人们总是会被太阳和月亮所吸引——这两样东西都巨大且简单。

假设你是创造了人类最早文明的人之一，你所在的部落发明了语言，并建造了最早的独立房屋。那么，你对这个世界的最初理解是从哪里开始的呢？你的知识是从哪里来的呢？你模仿的对象是什么呢？这一切，都来源于你周围世界中的"完美事物"。

在古代，对称是最基础的美，因为完美的对称只会出现在大自然里，不会出现在人造物中。著名的吉萨大金字塔就是追求"对称美"的体现，这种对平衡的渴望一直隐藏在人们的内心深处，并延续到今天。

古人最关注的就是每天都出现在天空中、自然界最简单却最完美的物体——太阳。人类自古以来就被这种对称的完美形象所吸引，并创造出无数事物来膜拜它。为什么我们渴望巨大、醒目的物体，以及简单而大胆的想法？为什么我们天生就会将自己与简单的概念块联系在一起，却下意识地过滤掉那些不巨大、不清晰、不持续重复（日出日落就是一种永不停止的重复）的事物？因为这是人类自古以来认识世界的习惯。

山也拥有类似的吸引力。冬天山峰会积雪，春暖花开时积雪会融化，形成潺潺溪水，并最终汇聚成河流。水是生命的源泉，河流是打猎和捕鱼的绝佳场所。溪水和河流滋养了高山森林，森林为人们提供了建造房屋的木材和做饭取暖的燃料。我们看不到几十公里外的河流，但能看到几百公里外的高山。一看到高山或山脉的宏伟形象，我们就会精神舒缓，备感慰藉。在人类眼中，山就是各种陆地生物的起源之地，充满了自然的美丽。而对人类来说，美丽永远与"对人类有益"是一体的。

此外，山还是人类的保护者，可以保护我们免受食肉动物的侵害，我们还可以在山上建造防御敌人的避难所。所以，巨大山石就是生命的象征。

山的形象 = 三角形 = 避难所和食物

太阳的形象 = 圆形 = 能量、温暖和植被

湖泊的形象 = 圆形或椭圆形 = 清新的空气、放松的心情和生命

所以说，我们对概念块的痴迷来源于对"美丽"的最早理解。人类喜欢自然界中那些体积巨大、形象简单的事物，比如高山和太阳，这就是我们会被概念块图像吸引的心理原因。就像高山一样，概念块也是一种符号，我们的眼睛无法从上面移开。

简单、容易识别的形状和图案无处不在。如果让你在自己住的街区走上一圈，数出看到的所有几何图案，估计得花上一个礼拜时间。概念块也像这些图案一样就在你的身边，隐藏于所有可识别的图案之后，但是你无法意识到它们的存在以及对你的影响。

几何形状是所有建筑物的基础元素，比如说门是长方形的，拱门是半圆的。然而除非有人指出，否则我们不会认为自己每天都待在一堆几何图形里面上班。概念块也是如此，一旦理解了它，你就会发现它无处不在。最简单的概念块图案往往呈对称状。英语中的 symmetry 一词来源于希腊语，意思是"良好的平衡或均衡"。这个词可以形容某些东西对称或成比例，也可以形容某些事物很赏心悦目。换句话说，简单、平衡的形状更具有天然的吸引力。

约翰斯·霍普金斯大学空间望远镜研究所的高级天体物

理学家马里奥·里维奥写过一本关于对称性的书。他认为，人类大脑之所以偏爱对称性，是因为对称性在自然界和整个宇宙中都很普遍。生物学研究也表明，人类和动物天生就喜欢对称的外表，因为这是强大基因和健康身体的标志。

这就是人类社会衡量美的方式。这种自然的、本能的、被美丽或对称事物吸引的机制，与概念块的作用机制完全相同。

社会学中有一个概念叫"知觉偏差"。从知觉偏差的角度来看，我们认为某些事物美丽并被它吸引，是因为大脑处理对称图像的速度远远快于处理非对称图像。巨大、醒目、容易处理，这样的事物无疑会以最快速度抓人眼球。

让概念块起作用的力量是永恒的，就像地心引力一样。五千年前的地心引力如何运作，现在依旧如何运作。远在牛顿发现并命名"万有引力"之前，它就已经在默默运作着。

概念块没有尺寸限制，小孩子记住一个正方形积木玩具与成年人记住三角形的巨大埃及金字塔，这两者没什么区别。概念块在任何尺寸下都能工作，玩具积木的大小只有埃及金字塔的几千分之一，然而简单的形状却让它脱颖而出，轻松地被人记住。

看到一个新事物时，我们首先注意到的是它的形状和突出的特征，这两点可以帮助我们更容易地理解和记忆。大多数广告公司和信息传递者认为自己在这方面做得不错，但他们中的很多人其实是在将信息简化到无意义的程度，这样的信息无法被他人接收到。

对称图案

抓眼球

非对称图案

视而不见

概念块这种简单、轻松的信息传递形式，可以绕过各种微信息的干扰，几乎瞬间就在受众大脑中留下深刻的印象。继续阅读本书，你将学到如何从自己的想法中提取最基础的架构和元素，同时又能保持与信息受众的复杂沟通，并引起他们的共鸣。

你创造的概念块会持续十秒、十分钟，甚至是十万年。大胆地、不知疲倦地重复概念块，你就会将它"标志化"为一个符号——它对人类有一种普遍而神奇的吸引力。

不断重复正确的概念块，你会正中目标群体的需求红心。就像地心引力一样，概念块也会牢牢吸引人们的注意力，通过不断重复，最终在人们的大脑中转化为符号。

将超大、简单的形象当作复杂信息的锚点

1949年，年近50岁、个人生活一团糟的建筑大师路易斯·康开始慢慢淡出人们的视野。作为罗马美国学院[1]的常驻建筑师，他的工作很平凡，甚至可以说是平庸。但是在1950年，他的人生出现了转折，这个已过生命巅峰时刻的男人决定游历世界。他从罗马斗兽场开始，陆续参观了埃及和希腊的历史遗迹。在本应是职业黄昏的年龄，他摇身一变，成为公认的20世纪最有影响力的美国建筑师。路易斯·康的作品向我们展示了概念块像地心引力般的强大力量——它会牢牢吸引住我们，让我们的目光无法移开，让我们别无他选。

2003年，路易斯·康的儿子纳撒尼尔·康拍摄了一部电影《我的建筑师：寻父之旅》，讲述他神秘而专横的父亲。这部影片广受赞誉，并获得奥斯卡最佳纪录片提名。

1950年，还很平凡的路易斯·康发现自己又有了一个私生子后，就离开了罗马，去游历古代遗迹。那之后的路易斯·康在建筑设计中形成了一种独特的个人风格，一种复杂

1　罗马美国学院（American Academy in Rome）位于意大利，是专门为美国艺术家和学者提供独立创作和研究机会的机构。

与简单的深度结合体。他的作品汇聚了古代遗址的标志性特点。外表上，康的作品都以简单的巨型几何图案出现，但当参观者走入建筑物时，就会为内部惊人的复杂性而赞叹。

在纪录片中，纳撒尼尔·康采访了现代建筑大师贝聿铭。纳撒尼尔问贝聿铭，为什么他认为路易斯·康是那个时代最伟大的建筑师。要知道贝聿铭自己也非常高产，在全世界有几十个建筑设计作品，而康的标志性作品只有七个。贝聿铭回应道："三四件大师级的杰作，要比五六十件普通建筑更重要……建筑必须能够经受住时间的考验。"换句话说，重要的是质量，而不是数量。

纵观历史，埃及金字塔一直被认为是全世界最伟大的奇迹之一。实际上，金字塔的建造确实犹如天助。它是在技术极其有限的情况下完成的工程奇迹，而且到现在为止，也没有人知道这些大石块是如何被运送、安置上去的。然而，当谈及为什么金字塔的知名度在世界范围内持久不衰时，它外形的简单远比建造过程的神奇重要得多。巨大的金字塔就是概念块转化为符号的绝佳案例。

同样的案例还有"世界七大奇迹"。直到如今，各领域的专家们也没能就"世界七大奇迹"榜单达成一致。埃及金字塔、巨石阵、复活节岛石像、马丘比丘、泰姬陵、罗马斗兽场、罗德岛巨像、巴比伦空中花园、奇琴伊察古玛雅城邦遗址、奥林匹亚宙斯雕像、阿耳忒弥斯神庙、长城、摩索拉斯陵墓……争夺这七个位置的候选者远不只是这些。

《今日美国》评选
"世界七大奇迹"

1 **布达拉宫**   中国，西藏拉萨

2 **耶路撒冷旧城**   以色列，耶路撒冷

3 **极地冰冠**   极地地区

4 **帕帕哈瑙莫夸基亚**   美国，夏威夷

5 **互联网**   银河系，地球

6 **玛雅遗址**   美洲，尤卡坦半岛

7 **动物大迁徙**   坦桑尼亚和肯尼亚

2006年，美国知名日报《今日美国》和知名晨间节目《早安美国》邀请来自不同领域的科学家和文化研究者们共同推出了一份"世界七大奇迹"榜单。

可榜单推出后并没有获得一般公众的认可，尤其是互联网和动物大迁徙，这两者在一般人的脑海中根本没有固定的形象。后来，美国民众在此基础上，又票选出了一个"第八大奇迹"——美国大峡谷。

有人曾做过实验：走上街头随便叫住一个人，问他"世界七大奇迹"有哪些，得票最多的是以下七个：

普通民众选的"世界七大奇迹"

1. 埃及金字塔（呈巨大的三角形）
2. 罗马斗兽场（呈巨大的圆形）
3. 巨石阵（由巨大的矩形和圆形组成）
4. 长城（由巨大的矩形和正方形交错而成）
5. 复活节岛石像（呈巨大的矩形，上面刻有人脸）
6. 泰姬陵（巨大的矩形建筑，上部呈圆形）
7. 美国大峡谷（恢宏壮丽，与周围环境形成了巨大对比，呈现了极端的视觉体验）

应该说这是一份简单、公正、符合主流文化的榜单，但它与《今日美国》那份专家榜单没有一项相同。为什么专家与普通民众对"世界七大奇迹"的理解有如此大的不同？答案是，这些专家可能更关心"伟大"的字面意思而不是呈现方式。对于普通民众来说，印象最深的就是那些外形简单的事物。简单的外形将它们深深地烙印在了人们的大脑中——换句话说，简单的外形让这些事物变成了符号。

普通公众的榜单有一个特点，那就是所有上榜的建筑、古迹和自然景观都具有高度的可识别性，都可以被精简为基础几何图形。其中，结构最为复杂的泰姬陵，也不过是一个长方形，上面再加一个圆形。

这些具有标志性的"世界奇迹"能够牢牢根植于我们的大脑中，是因为它们都是实实在在的视觉概念块——它们由简单的基础图形组成，很容易就能在人类大脑中留下清晰图像。因此，尽管由专家们选出的"奇迹"具有宏大的规模、复杂的设计或重大历史文化意义，但人类的原始大脑只对那些简单明了的概念块感兴趣。

当然，人们最终会将复杂的知识性认识与"世界奇迹"的简单外形联系在一起，但第一步永远是将这些外形刻印在大脑中。

泰姬陵

埃及金字塔

罗马斗兽场

复活节岛石像

巨石阵

长 城

美国大峡谷

马丘比丘和摩索拉斯陵墓的确是令人赞叹的伟大奇迹，但与普通民众认可的"世界七大奇迹"相比就太复杂了。尽管它们也值得被称颂赞扬，但其复杂性让民众不那么容易记住。

普通民众认可的"七大奇迹"之所以能被记住，是因为形式简单，而不是因为美丽或年代久远。

今天的我们对这些古代遗迹惊叹不已，未来的人们也会称赞路易斯·康设计的建筑很特别。加州山景城谷歌总部的设计师克莱夫·威尔金森称路易斯·康是"基础几何大师"，还说"他作品中最吸引人的，就是那种自然的简单性"。

路易斯·康将概念块应用到他的设计中，借鉴了很多古代遗迹的基础构成，并充分利用了复杂和巨大这两大元素。你能在他的作品孟加拉国国民议会大厦中很容易地看出这些特点。这座大厦可以说是20世纪最伟大的建筑之一，可惜，它是在路易斯·康死后近十年才建成的，这位伟大的建筑师没能一睹它的真容。

这座建筑令人赞叹，它直接坐落在水中，呈现出优雅的几何结构，简单而又深邃，巨大的体量牢牢吸引住人们的目光。走进大厦，你的感觉就会完全不同，无数复杂的细节会让你目不暇接。当日光穿过古铜色的内墙时，墙内的小型几何石刻和呈对称设计的金属格栅就会被照亮，整座大厦看起来就像一件复杂而细致的艺术品。如果没有这些细节，整栋建筑不会呈现出厚重感与力量感；如果没有体量巨大的几何外观，精致的细节也不会显得如此深邃。这是简单与复杂和谐共存产生的巨大力量，两者互生互助，缺一不可。这就是

孟加拉国
国民议会大厦

概念块的自然特性。

　　"世界七大奇迹"和路易斯·康的建筑作品为我们提供了一个有趣的角度，你可以通过这个角度来看待、审视你自己的作品。当然，视觉艺术、广告创意、音乐、工业产品等"作品"与本章中讨论的建筑物有很大不同，但通过对这种简单形式的思考与模仿，我们可以让自己的作品更具吸引力。

2. 概念块能被看到、听到、读到

给信息找一个中心图像

在所有媒体渠道中，只要经过足够多的重复，概念块都可以转化成令人难忘的符号。这是发布信息并吸引关注的基本法则。

信息传递时要有一个中心图像，是指能够立即抓住并持续吸引注意力的概念块，它可以将任意视觉信息牢牢印在受众的大脑中。这就是为什么不管莫奈和高更如何有才华，他们的知名度都不如同时代的梵高。而这也是现代艺术家、摄影师梅兰妮·普伦一夜成名的原因。

2005年前后，梅兰妮从默默无闻一跃成为最具影响力的摄影师。她的第一场时装秀"高级时尚犯罪现场"在比弗利山的艾斯画廊举行，这是洛杉矶最负盛名的画廊之一。这场时装秀赢得了国际上的广泛赞誉，衍生出一部纪录片和一本书，还引发了关于梅兰妮的大量媒体报道，她的作品开始被世界上最著名、最有影响力的收藏家们垂涎。2018年，在收藏界地位显赫的洛杉矶盖蒂博物馆邀请梅兰妮参展，这就是著名的"时尚偶像：百年时尚摄影展（1911—2011）"。梅兰妮是参展者中为数不多的在世艺术家之一，她的一件作品还成了盖蒂博物馆的永久收藏品。

梅兰妮·普伦恰巧是我儿时在洛杉矶的朋友，但我们的友谊与本章内容无关。

在取得如此巨大成功之前，梅兰妮只是一名业余摄影师。她的摄影灵感来源于洛杉矶警察局和纽约警察局的犯罪现场档案，她会根据档案中20世纪30年代的谋杀场景进行电影化的再度创作。她的作品全部由高级模特穿着艳丽时装出镜，照片里，美丽的女人被悬吊在空中，或者是躺在冰冷的大理石地面上，毫无生气地张开四肢。黑暗而美丽的背景，惟妙惟肖假扮死者的时尚模特，在十分之一秒的时间内你就能理解每幅作品的主题。但让梅兰妮成名的不是模特的时尚服装，也不是作品主题，更不是她作品中流露出的盖茨比式的才华。梅兰妮追求的并不是作品本身的震撼力。她曾说："观赏者需要重复观看相同形式和风格的图片至少三次才能记住。"正是概念块让她的作品被看到，并立即引发观赏者的强烈关注。

梅兰妮的作品既优雅又恐怖，而且尺寸巨大——宽度短则1米，长则3米。她为什么要打印这么大的照片？"因为这样它们才醒目，才会带给观众冲击感。"她说。

梅兰妮的第二场个展"暴力时代"成了美国西部历史上规模最大的静态摄影展。对于她熟悉的艾斯画廊来说，这场展览太"大"了，根本放不下。最终，"暴力时代"摄影展选在占地约7300平方米的德斯蒙德大厦举行，两千多人参加了展览的开幕式。这次展览巩固了梅兰妮作为全球艺术收藏家的宠儿的地位。

这场盛大的展览包含了许多令人震惊的电影感画面，有些作品高达2.4米，宽达3.7米。展览由四部分组成：战争场面、士兵肖像、战斗中的士兵、生化战争。

曾为《奎迪2》《雷神2：黑暗世界》《终结者：创世纪》《海滨帝国》《权力的游戏》等影视作品担任过摄影导演的著名摄影师克莱默·摩根索深深地崇拜着梅兰妮，他说："梅兰妮的每一张照片都在讲述一个故事。她本人无所畏惧，作品也充满了自信和力量。大胆的颜色和对比度，还有鲜明的主题，都带给人们一种坚定的感觉。"

梅兰妮这样解释"暴力时代"的含义："我对早期肖像和战争图画中表现的美学进行了夸张的表达，创作出一系列内涵广泛的作品，用它们来质疑我们对暴力的感知以及发自心底的渴望。"这是一段复杂的信息，如果你直接将其传递给他人，对方一次最多只能理解一到三个概念。此时重复的重要性就体现出来了，你要做的就是找出少量的几个点，然后重复几分钟、几个小时、几天、几周、几个月、几年，甚至几十年去反复再现。这时简单的信息传输形式和信息中蕴含的情感会加速符号的创建进程。

梅兰妮的工作范围正在不断扩大。现在，她一边拍摄杂志封面，一边导演自己的戏剧，这样可以让她的摄影作品再次以动态方式展现。

梅兰妮因为恰当地使用了概念块而一举成名，并为她的作品带来了大量关注。慢慢地，她超越了艺术摄影领域，开始影响流行文化。

建筑师克莱夫·威尔金森热情称赞了梅兰妮的作品："就像路易斯·康一样，梅兰妮用作品触及了观赏者心中最原始的一面。和建筑杰作一样，一幅画或一张照片必须先抓住你的眼球，然后将自己作为入口，邀请你进入它的世界。此后，它必须引导你到达某个特殊的点，让你被吸引住。对梅兰妮来说，她作品中的复杂性和故事情节会最先吸引你，作品的深刻内涵会让你留下印象，慢慢去探索、去发现。"

梅兰妮·普伦的大胆创作印证了简单性与复杂性相互依赖的关系。无论是在三维建筑结构中，还是在二维图像中，那些醒目的、简单的、可即时理解的事物都会快速抓人眼球，并将人们引向其背后或内部复杂的那一面。

为了获得成功，概念块图像必须在一微秒的时间内以近乎百分之百的方式被理解、掌握。在大脑开始处理它之前，你已经知道它在原始层面上的意义，并获得了一个可以帮助你探索其内在复杂性的锚点。

一段简单的信息从物理世界进入精神世界的速度，决定了它是否能击败所有其他信息并捕获你的全部注意力。复杂性——概念块理念的对立面——会在信息传输过程中造成延迟，短短一毫秒的落后，可能就意味着你永远失去了信息受众的关注，这往往就是成功与失败的分界线。

梵高在艺术界经久不衰的地位证明了标志性图像的力

量。当然，也有许多艺术家没能创造出可即时理解的作品，这样的人会在狭窄的创作领域中度过一生，其实他们凭直觉也知道，要想成功就必须要有自己的风格。一名艺术家可能要花几年的时间才能找到属于自己的创作领域，而要想吸引大众的注意力就必须这样做。

不是所有的东西都对大众有吸引力，有时你也需要变化和微调。但理解了概念块背后的理念，我们就可以决定自己的标志性风格是什么，自己想凭借什么引人关注，并做出有意识的选择。

概念块无法改变一件东西的本质，它只是一种吸引注意力的工具。对艺术家而言，应该知道艺术作品吸引力背后的原理，并主动选择是否使用概念块这个工具，就像选择画具箱里的画笔一样。其实，很多艺术家都是在不知情的情况下使用了概念块，同时又并不真的了解概念块。

梵高在获得世人认可之前就去世了，但他的许多作品后来都成了标志性的符号。他最著名的作品如《向日葵》《阿尔勒的卧室》《夜间的露天咖啡座》《一双鞋》《公牛》《树》等，都使用了同一个概念块：醒目的中心图像。当然，并不是所有梵高的画作都遵循这一模式，但公众对梵高作品的理解都受到了这一模式的影响。所有这些画作的中央都有一个巨大的、醒目的中心图像，就像警告标识一样。你不需要思考，就能立即理解它。梵高绘制了概念块，这让他的作品成了符号。他在艺术史上牢不可撼的地位就是证明。

曾与梵高同住一室的高更就不怎么使用概念块。他擅长用明快、大胆的色彩描绘宏伟的场景，所以与使用了中心图像概念块的梵高相比，他在公众中的知名度就小了很多。梵高画作的中心可能是一块草地、一件物品或者一个人，你几乎在看到画作的瞬间就能理解，但对于高更的许多作品来说，你可能需要一秒钟才能理解。就是这多出来的一秒钟让一切都变得不同。这一刻决定了你的作品是吸引观赏者，还是失去他们。"可即时理解"这个特性能让作品以更快、更积极的方式渗透进观赏者的大脑，让他们立刻就被你的作品吸引。

概念块能让艺术作品和艺术家的声望经久不衰，我们可以列举出无数例子，比如安迪·沃霍尔和他的作品《金宝汤罐头》《玛丽莲·梦露》《奶牛》《双面猫王》《自画像》等。

梵高

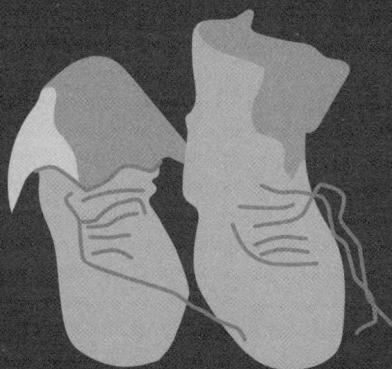

高更

《玛丽莲·梦露》

《金宝汤罐头》

墨西哥女画家弗里达·卡罗的作品类型非常多。我曾有幸拜访她位于墨西哥城的家并欣赏了她的作品。她有两百多幅油画、素描作品和草稿，表现了不同的主题和风格，其中以她标志性的自画像最为知名。虽然自画像只是弗里达作品中的一小部分，但这些重复性的图像——也就是她的概念块——已经牢牢印在了全球艺术欣赏者的脑海中。

无论过去还是现在，最具标志性的艺术家们都对概念块有着一定程度的、可能无法言说的理解，这就是他们的作品经久不衰的原因。

让我们从另一个角度看待概念块。在物理学中，质量 ×加速度 = 力。在概念块理论中，质量就是概念块，重复就是加速度，这两者的结合可以让你的信息穿过一团混沌的信息云，直达目标受众的大脑。

运用好这条概念块公式，你就能正确地简化信息，让它更具吸引力并且可以被即时理解。这些特性会让信息接受者更加放松，让他们更容易欣赏、接受并保留概念块背后的复杂信息。

当一位艺术家推出一个可即时理解的、大型的、高对比度的、有醒目中心图像的作品时，它的突出性会吸引人们进一步观察它的细节和复杂性。这就是概念块的作用。突出的中心图像会营造出一种震撼感，进而引起目标受众的关注。用"美"进行创作，就是基于对观赏者们原始情感需求的真正理解进行创作，只有这样，你的信息才会被他们记住。

听到的信息最有黏着力

　　情绪很容易被感知。一旦自己有情绪上的波动，我们很容易就能感受到。旋律、词汇、想法、图像，以及很多其他事物，都会触发情绪波动，有时很微弱，有时很强烈。

　　路德维希·范·贝多芬是影响整个时代的音乐家。不过在他生前身后都有一些人不停地嘲笑他，因为他作品中的某些旋律"太过童稚"。1899年，在《欢乐颂》问世一百多年后，美国音乐评论家菲利普·黑尔对这首脍炙人口的作品发起了攻击："这音乐愚蠢庸俗到令人绝望！它的主调有一种令人无法言说的廉价感，'欢乐，欢乐'！"但正是黑尔讨厌的这种简单、不停重复的旋律概念块，让这首歌常驻人们心中，永远流传。

　　其实早在1882年11月6日，作曲家、音乐老师费迪南德·普雷格就公开发表过对重复旋律的反对观点——《论古典音乐中重复旋律部分的谬误》，在文章中他说：

　　众所周知，无论旋律刚出场时有多么震撼，一旦重复，这种感觉就会被立刻削弱。诗人会重复半首诗吗？编剧会重复一整场剧本吗？小说家会重复一整个章节吗？这些都是"幼稚"的体现，所有诗人和剧作家都会拒绝，为什么音乐家就要这样做呢？……既然重复的诗歌会被认为是幼稚的、思维混乱的，为什么重复的音乐就能被接受呢？

尽管饱受批评，但贝多芬在下意识中对概念块的使用，成功地将听众们带入了他作品蕴含的复杂主题中，这让他的作品在二百年后的今天依然魅力不减。他的第五交响曲的四音符开头也是一个概念块，被称为"命运的叩门"。交响曲错综复杂，但概念块旋律就像童谣一般，让我们更容易接触它、拥抱它。正是黑尔所痛斥的、令人绝望的庸俗之处，让这首交响曲被誉为有史以来最优美的作品之一，让贝多芬成为他那个时代最伟大的音乐家之一。

在音乐中，概念块的主要表现形式有重复的旋律、歌词和节奏，它们会以不可阻挡之势迅速进入听众们的大脑。这些重复的元素会引起我们的注意，引领我们进入歌曲。所以说，是概念块让我们驻足聆听，是概念块让歌曲不断回响在我们的脑海中，久久无法散去。**听到的信息最有黏着力，能牢牢地吸引我们的注意力，而且绝不放手。**

音乐认知专家伊丽莎白·马古利斯曾分享了她在阿肯色大学音乐认知实验室进行的一项实验，在那里，她找到了重复音乐元素蕴含的巨大影响力。马古利斯研究了20世纪作曲家艾略特·卡特的作品并发现：一旦将卡特原本无重复性的、有些晦涩的作品，调整为带有明显重复性的乐曲后，听众们普遍认为"新乐曲不但比原曲更有趣，而且感觉更像是人类艺术家创作的，而不是电脑随机生成的"。马古利斯总结道："当我们知道即将出现的旋律时，会身体前倾，将注意力集中在聆听上，同时大脑已经在提前播放这段旋律。这种提前聆听营造了一种对音乐的参与感。"马古利斯的研究表明，当乐曲中含有重复性元素时，我们会更加享受它。

这就是人类感知万物的方式，这就是标志性作品历经几百年时间依旧流行的原因。重复，就是让音乐脱颖而出并经久不衰的秘密。

现代音乐史中也有很多这样的例子，比如迈克尔·杰克逊的所有歌曲。贝多芬和杰克逊的作品有两个相同的鲜明特征：一是大胆、重复、优美、极具感染力的旋律和节奏，二是庞大、复杂、丰富的乐曲编排。正是杰克逊对概念块的熟练使用，让《战栗者》成了全世界最畅销的专辑。

概念块就是听众们进入歌曲的关键，如果不给听众们一个概念块，那么你几乎无法获得成功。在音乐中，简单的童谣型旋律、节奏或歌词就相当于前一章节中说到的"醒目的中心图像"，它们会占据主导地位，让大脑即时理解。

举个例子，"一闪一闪亮晶晶，满天都是小星星"和《字母歌》的旋律完全相同，这并非巧合，而是概念块帮助我们保留信息的完美示例。最初，这段旋律来自一首法国民谣，莫扎特将其改编成《小星星变奏曲》并带给更多听众。后来，变奏曲的第一段由英国女诗人简·泰勒配以歌词，就成为脍炙人口的童谣《小星星》。《小星星》被广为传唱，以至很多儿歌都使用了这段旋律，使之成为一个概念块。

重复的音乐还是重要的电影技术之一，它不仅可以吸引我们，帮我们记住情节，甚至还可以讲述故事。舞台作曲家经常使用一种叫"音乐主导动机"[1]的技巧，这是表现某角色、情景或思想的重复性音乐短语。如今，这一技巧经常使用在电影中。《超人》《大白鲨》《星球大战》《夺宝奇兵》，这些都是令人过目难忘的好电影，它们的音乐都是由约翰·威廉姆斯谱写的，我想这应该不是巧合。

这些电影的成功与重复的童谣型主旋律密不可分。一旦我们听到这些熟悉的旋律，大脑就会立刻回到观看电影时的情感中。作曲家约翰·威廉姆斯的作品一贯都是这种风格，他刻意且精准地使用着概念块。就像莫扎特和贝多芬一样，约翰·威廉姆斯的电影配乐肯定也会经受住时间的考验，一百年后的人们很可能仍然在聆听这些音乐，体验它们蕴含的强大情感。

任何包含了最多三个重复性主导概念块（可以是旋律、副旋律或者节奏）的歌曲，都会直接进入我们的感官。所有作曲家都可以使用这一概念块模式，但只有很少一部分作曲家这样做，其他人只是坐在那里，迷茫地寻找自己作品不够成功或者不够吸引人的原因。

独特的声音也可以成为强大的武器，考特尼·泰勒－泰

1　动机，音乐术语，又称"乐汇"，是乐段内部可划分的最小组成单位。主导动机，以一段短小的动机或主题代表特定的人物、事件、物体、地方，甚至是气氛、情感。例如，电影中某角色第一次出现时，演奏代表该角色的动机音乐，以后每当该角色出现或被提及时，均重复这一动机。

勒就是典型例子。泰勒是乐坛常青树、另类摇滚乐队丹迪·沃荷的主唱，这支乐队组建已经超过25年，是一代摇滚传奇人物大卫·鲍伊晚年的最爱。泰勒喜欢创作带有大量情感的重复性旋律，在谈到最新专辑《为何疯狂》时，他直言不讳地说："对我来说，情感的特异性和力量比其他所有事情都重要。除非你做得非常棒，否则任何听起来像其他乐队作品的内容，都会削减你的情感力量。除非你做得非常棒，否则模仿不会强化你的手，只会弄钝你的剑。你可能喜欢与他人相似的作品，但是模仿削弱了歌曲的情感力量，让它无法在第一时间就进入听众们的耳中。"

再举个例子。我的密友赫克托·德尔加多是一位才华横溢的嘻哈音乐制作人，他是个天才，是名副其实的打碟"无影手"，看他打碟，有一种看古典钢琴大师演奏的感觉。在漫长的职业生涯中，赫克托为很多嘻哈和流行歌星们制作过歌曲，但没人知道他的名字。与切尔·松恩的早期经历不同，赫克托在音乐界徘徊了将近二十年，他可能是世界上最成功（从作品数量上说）却最不知名的嘻哈音乐制作人。

有一天，赫克托沮丧地找到我，告诉我他的作品没有得到投资人的认可，他也没有拿到预付款，然后询问我对此事的看法。老实说，出于对他这个人的欣赏，评论他的作品让我感觉很不舒服，所以我拒绝了他。不过他坚持询问我的意见，于是我很不情愿地说，他就像个可以随处雇到的牛仔，没有自己的独特声音，也就是说没有独特的标志化风格。我继续解释道，有人雇用提姆巴兰、法瑞尔·威廉姆斯这样的歌手，是为了他们独特的声音，而雇用他赫克托·德尔加多，则是为了给这些歌手提供作品。最后我对他说，如果他能够打造出属于自己的、标志性的声音，即概念块，那么人们就会发现他。

赫克托开始专注于制造空灵的、电影般的、饱含情感的音乐场景，配以一种令人心碎的20世纪80年代流行乐节奏。如今的赫克托已经是全球最著名的制作人之一，他与人搭档做出了2015年全美最成功的专辑。当我询问赫克托如何找到自己的风格时，他的回答很简单："我认为人们都会对曾经接触过的事物着迷，比如说我，我是（20世纪）80年代的孩子。"赫克托获得了媒体的赞誉，以一己之力成了超级制作人。

我们再来看一个来自流行音乐界的例子。摇滚乐队"暴力反抗机器"的成名曲《以杀戮之名》是该乐队1992年首张乐队同名专辑中的首支单曲。尽管在之后的十年时间里，该乐队又推出了三张唱片，极大地提高了自己的知名度，但这首歌仍然是他们的代表作。

不过，这首歌并不符合传统结构，每一句歌词都重复了非常多的次数，"以杀戮之名"这句歌词被愤怒地重复了不下5次。这就是这首歌的"钩子"，也是若干概念块之一。这首歌的重点是"现在，他们说什么你就做什么"这句歌词，主唱扎克·德·拉·罗查在全曲五分钟的时间里大喊了25次，把它变成了另一个概念块，并将大量情感注入其中。其实，这首歌的每一句话都给了听众们一个可以连接到自身的概念块，让听众们别无他选。

没有人希望自己成为歌词中的那种人——言听计从的傀儡，这就是很多人会对这首歌产生共鸣的原因。

"暴力反抗机器"是20世纪90年代最有影响力的硬摇滚乐队之一，它的成功既不是运气，也不是巧合。乐队的首席吉他手、联合创始人之一汤姆·莫雷洛毕业于哈佛大学并获得了社会科学学位，《以杀戮之名》充满了激进、狂热的简单性，我认为这是莫雷洛刻意为之的。

音乐制作人加思·理查森曾在知名音乐杂志《旋转》上发表过一篇文章，细数了这首歌在这20年间产生的巨大影响。回忆第一次听到这首歌时，理查森说："我当时认为这是一首能引发集体共鸣的歌，因为不管是过去还是现在，所有孩子都有过这种感觉。每个孩子在16岁、17岁时都会讨厌父母。"这些歌词，与青少年们拒绝控制、渴望独立的普遍想法联系在了一起。

《以杀戮之名》重复、简单的歌词迅速与听众产生了连接，一旦连接，听众们就会自愿探寻隐藏在激情演唱背后的复杂内容。

鱼与熊掌我们两者兼得！每首歌，每件T恤，都是我们内心渴望的真实表达。它连接了你我。

——汤姆·莫雷洛，
"暴力反抗机器"乐队首席吉他手

现象级乐队"电台司令"在几乎没有上过电台节目的情

况下，全球唱片销量超过3000万张。在9张专辑的几乎每首歌曲中，歌手汤姆·约克都很普通地重复着一个简单的童谣节奏，从歌曲开始到结束。正是对概念块的大胆、彻底的重复使用，让"电台司令"成为世界上最成功、辨识度最高的乐队之一，尽管有时听众们并没有理解他唱的歌词。约克和迈克尔·杰克逊一样，通过对概念块的激进式重复，将所有人都拉入他的歌曲中。

因为默默无闻的天才们不理解概念块，我们失去或错过了多少惊世杰作！

不过请弄清楚，并非所有内容都应该简单化。阿瑟·罗素和约翰·凯奇是我十分喜爱的两位艺术家。很多人可能从未听说过他们，与很多流行巨星相比，他们的作品无疑属于晦涩难懂那一类。罗素和凯奇从始至终都没有想过要吸引大众的注意力，因为他们是实验艺术家，他们知道自己是谁、要做什么。所以，虽然我反复强调概念块的作用，但人们完全可以做出自己的选择。

传奇音乐艺术家昆西·琼斯对旋律有绝对权威的看法："旋律为王，永远不要忘记这一点。歌词似乎离听众更近，其实并非如此，它只是旋律的辅助元素。"

　　　旋律是上帝的声音。它披着歌词的外衣，但依然是上帝的声音——这就是力量的来源。

　　　　　　　　　　　　——昆西·琼斯，音乐艺术家

本章告诉我们，如果让内容过于复杂，你将会失去那关键的一微秒——正是这短短的一瞬，决定了人们是下意识地关注你，还是对你视而不见。在第一时间展示大胆突出的概念块，你的听众会主动将自己与你的作品联系在一起。

不管是在艺术领域还是商业领域，甚至在建立人际关系时，概念块都是真实可靠的。独特性和情感——无论是视觉、听觉，还是概念上的——都可以加速吸引力的产生，让概念块迅速转化为符号。

用词语创造流行

　　"我有一个梦想，梦想有一天这个国家会站起来，真正实现其信条的真谛：'我们认为这些真理是不言而喻的……'" 1963年8月的一天，马丁·路德·金在华盛顿特区献上了一场激情四溢的演讲，他敦促美国民众发挥自身潜力，打造出一个真正自由、平等的社会。

　　现在让我们来研究一下，为什么马丁·路德·金的演讲词在几十年后仍然能够引起共鸣，成为美国乃至世界历史上最有影响力的语句之一。其中的关键，就在于他在演讲后半部分使用的两个概念块语句："我有一个梦想"和"让自由之声响起"。在整篇演讲中，这两个短句分别被重复了7至10次，平均每85个单词中就会出现一次。

　　"我有一个梦想"和"让自由之声响起"这两个概念块会帮助你回忆起演讲中的其他内容。这些概念块语句具有可即时识别性，其工作原理与人们识别贝多芬作品和"世界七大奇迹"的原理相同，其工作过程与人们回忆起梵高作品的画面的过程一致。**不管是文字、旋律、信息还是绘画，只要是简单的、突出的重复性信息，都会产生相同效果。这就是我们大脑感知、理解并记忆外部事物的自然机制。**

　　"我有一个梦想"和"让自由之声响起"，短短几个字就带给听众们一种复杂的情感，其中混合着民权、正义和平等思想。这两句标志性话语将大量的历史和社会信息深深地烙印在我们的记忆中，它们已经成为符号，不仅能够让人们回想起金博士抑扬顿挫的演讲，还能让人们回忆起民权运动的整个历史。

在马丁·路德·金使用概念块呼唤和平的二十多年前，在大西洋的另一边，一位英国政治家也曾在战争的绝望中唤醒整个国家。1940年6月4日，英国首相温斯顿·丘吉尔在下议院发表演讲，努力争取政客们对反纳粹战争的支持。无论是有意还是无意，他使用概念块进行了职业生涯中最有力的演讲，那段著名的结束语是这样的：

> 我们将战斗到底。我们将在法国作战，我们将在海上作战，我们将带着高涨的信心和力量在空中作战，我们将不惜一切代价保卫我们的家园，我们将在海滩上作战，我们将在敌人的登陆点作战，我们将在田间和街头作战，我们将在山野作战；我们决不投降。

"我们将在……作战"这句话就是概念块，它在不断重复中强化了丘吉尔坚定不移的立场，并牢牢地扎根在听众们的脑海里。"为自己而战"这一普遍想法，开启了所有人心中"为正义而战"的原始冲动。

无论是与"邪恶轴心国"作战，还是反抗街头霸凌，人们都会积极响应正确的行动，抵制错误的做法。丘吉尔将自己的核心信息与听众们的普遍想法结合在一起，成功地触及了听众们的情感。虽然这段文字只是演讲的一小部分，但他对概念块的重复使用让人们牢牢记住了整场演讲。这个概念块甚至成了这场演讲的名字——《我们将在海滩上战斗》。丘吉尔的演讲一共有3774个单词，而他只说了7次"我们将在……作战"，且还是在演讲快结束时说的。不断重复一个精心设计的、情感化的概念块语句，造就了20世纪最伟大的演讲之一。有研究表明，当某个观点不断被重复时，70%的听众会积极修正自己的最初立场，向这一观点靠拢。

想想美国著名女权领袖苏珊·B.安东尼、圣雄甘地这些人，他们都以崇高的精神完成了伟大事业，但有多少人能记住他们的演讲呢？曾担任过南非总统的纳尔逊·曼德拉是"改变世界"的最典型人物，但是他的言语并没有像马丁·路德·金或者丘吉尔那样流传不朽。他发表过数十次激昂的公开演讲，还彻底解放了一个国家，但我们已经不太记得他都说过、做过什么了。**重复十分重要，它有时会让人感到不舒服，但你要尽量克服这一点，你的听众会因此更好地记住你。**

标志化的想法、概念和艺术风格，都是强大且高效的工具，可以让人们驻足、倾听、牢记，并欣赏信息中的复杂细节。而事件、记忆和情感这些复杂细节，往往包含了惊人的信息量。正如我们从字母积木中了解到的，**人类大脑天生就会将复杂事物与大型、突出、简单的事物联系在一起——这些东西就像路标一样清晰和引人注目。**

在演讲中不断重复的概念块可以迅速传达出大量情感和细节。其实，所有感官体验都是如此。这就是概念块的工作方式，概念块就是复杂、美丽和重要体验的载体。

PART THREE

第三部分

概念块的用法就是越滚越大

1. 必须限制概念块的数量

　　人们总会下意识地用概念块来设计那些重要位置的标志，比如学校门口的"小心慢行"指示牌，或者化学物品的"小心有毒"标志。这些标志可以迅速引起他人注意并传递信息：有一列火车正在高速驶来，或者容器内的化学物质是致病甚至致命的。显然，如果缺少可在第一时间识别的符号，关键信息就无法以最快速度传递。从重型设备到路标、感冒药，人们在设计所有警告标志时，都会遵循这一原则。

　　要如何写一个句子或设计一个创意，才能产生与警告标志相同的效果？只要不断探索这个问题，你就会想出一个概念块，从而提高你信息的辨识度。在这个嘈杂的世界中，概念块可能是你与外界交流的唯一希望，所以我们要有意识地打造它。

　　正如作家乔治·奥威尔所言，任何重复得足够多的东西，不管它有多么荒谬，最终都会强行进入人们的大脑。概念块信息本质上并不邪恶，它只是人类感知和保留信息的方式。我们的大脑只会注意到概念块本身，不会去管信息内容的属性。

　　想象一下，如果高速公路上有无数的广告牌（就像《城

有毒

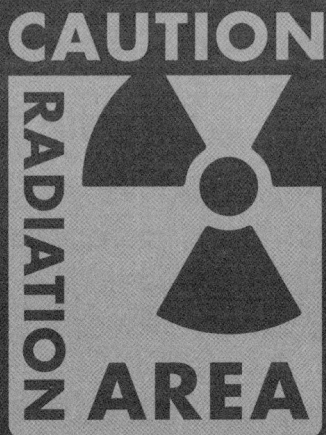
注意
放射性区域

小心慢行

易燃气体

市清洁法》颁布之前的圣保罗一样），那么你根本无法找到出口标志或其他有用的提示。行驶在高速公路上，人们只会注意到巨大的、宽阔的、醒目的绿色路标，它们是能够被看到的唯一标志，可以给驾驶员带来信心。路标清晰地说出了驾驶员们的愿望（即目的地），就像出现在汪洋大海中的灯塔，一定会被遵从。

概念块还可以增强信息的可信度，因为清晰明确的语句可以让人们更容易地判断真伪。一旦掌握了创造概念块的最佳方式，无论信息传播渠道是什么，无论信息本身有多么复杂，你都能更高效、更轻松地传递信息。在信息技术造成的沟通瓶颈中，概念块会像交通标志一样快速抓人眼球，因为它代表了我们想要的东西，它的出现会吸引所有目标受众的关注。

通过概念块传达信息是最有效的交流方式。如果不这样做，你的目标受众就会驶向另一个出口。哪怕你是他们真正渴望到达的唯一目的地，也毫无用处。

路标的工作原理还告诉我们：不管你的概念块是多么普通，也不管有多少概念块与之并存，它都是有效的。就像这个世界上有着几亿个相同的路标和警告标签，但它们都触发了人类最原始的本能，所以都是有效的。因为在内心深处，我们渴望与这些简单的形状和概念进行交流，它们可以被迅速、轻松地理解。

道理看似简单，但实践就是另一回事了。在吸引目标受众时，很多人都会让混乱、复杂的信息打头阵。现今社会就像是一条信息高速公路，我们都在这条路上飞驰，并期望在正确的路口驶出。但是这条路上的信息太多，远远超出人们的处理能力。所以，大多数人都会拒绝一切与自己旅程无关的信息。请一定记住这一点：人们不会因为一个路标更漂亮就改变自己的目的地。除非一个人刻意寻找你提供的内容（产品、服务或艺术作品），否则你很难触动他。

所以，你要把一切都变成大型路标。你的概念块要变得更大、更显眼，否则它无法产生效果，这一点非常重要。你要直截了当地说出你提供的产品或解决的问题，就像水管工直截了当地告诉你："我们会修理你丈夫修不了的东西。"

你需要将你对产品和服务的承诺浓缩成概念块，然后一直重复它，重复到让自己厌烦。**最重要的是，你必须找到人们现有的前进方向，即他们的情感关注点，然后以此为基础去设计、制造你的概念块。**

你传递的信息是否有效，关键在于人们能否在一个信息过载的世界中找到它。你的路标可能是一堆乱七八糟信息的堆砌，也可能是一个简单明了的概念块，或是介于两者之间。现在，你可能已经拥有自己的路标，但是它能够直接触及目标受众内心最深处的渴望与关心吗？又或者，你的路标上还什么都没有，还是说，你只是在漫无目的地卖弄词汇？

仅仅是对概念块进行最粗糙（但稳定）的应用，其背后原理和人类感知本能也会帮助我们有效地抓人眼球。所以，你要大胆地、始终如一地向目标受众展示与他们前进方向一致的路标，这至关重要。为了确保你的声音被听到，你的路标必须超级大，像高速公路路牌那样巨大，并配以不断重复的明确信息，一定要包含目标受众可以即时理解的事实。你必须在与每一个目标群体的接触地点，都显示这些巨大信息。人们只会对自己正寻找的事物（产品、服务、艺术作品、音乐作品、设计和创意）做出回应，你的路标会帮助他们看到这些东西。

从很久以前开始，人们就用"停下来闻闻花香"比喻忙中偷闲，静下心来享受美好事物的行为。时至今日，这似乎已经是一种烂大街的表达方式。但正是通过不断重复，这句陈词滥调已经发展出一套可即时理解的、复杂的内在意义。

这样的陈词滥调对人类来说有着非常重要的意义，也是真正善于使用概念块的营销高手们的目标：让人们看到信息，并跟随信息进入一段营销人员需要的关系。

现在你已经知道，世界上的选择太多，你的目标受众很难看到你。不过，假设他们恰巧看到了你，那要怎样才能让他们看得更清晰？

你可以减少向他人展示的内容，这样可以解决信息稀释的问题。**通过限制信息数量，并使用情感化的、积极的概念块作为切入点，你就可以吸引目标受众。**随后，已建立的联系会引导他们进一步探索隐藏在概念块之下的、更为复杂的内容。即使你有一个绝妙想法或颠覆性产品，也应该坚持使用概念块。

重点是，你要在概念块中体现什么？现在，你需要从目标受众的角度去看待这个世界。

你是谁？你的业务或品牌的内涵是什么？你想通过怎样的方式被他人记住？

你要从自己的工作开始，以最大音量，诚实、充满情感地与他人交流，并不断重复。如果不这样做，说与不说没有任何区别。

在最初的沟通中，你使用的概念块绝对不能超过三个。你要以一至三个有针对性的视觉或情感概念块开头，然后再引出更复杂的信息。这样，你的目标受众才能接受更多的细节，更容易做出相关决定。

我们通过下面这个例子，大致了解一下如何具体操作。

第一页，一定要有一个表示产品、服务或想法的醒目中心图像。把概念块语句放在图像上方和下方，这些文字将与广告受众的情感需求直接对话。一段大胆、诚实透明的概念块语句，可以让你的受众知道：你理解他们的想法与需求，并愿意对他们大声说出来。这种大胆行为，传达了你对自己产品的信心与承诺。

只要限制概念块的数量，就可以创造出沟通的切入点，并让已有的概念块产生像磁铁一样的吸引力。随意、仓促的沟通，肯定会让信息晦涩难懂，甚至被人们拒绝。对你的目标受众来说，只有自己关心的才是有意义的。所以，你要把他们的关心点放在信息的最开始，这可以迅速建立起可信度，让受众自愿去探索概念块背后的复杂信息。

手工
真材实料
源自欧洲

我们的纯手工果酱用整颗水果作为原料，
制作方法源自欧洲几百年的古老传统，
果酱不加糖，酸甜可口，
我们努力用正宗、浓郁、甜美的果酱为你带来美味新体验。

ARTISAN
JAM CO.

对喜欢果酱的人来说，这张广告海报中的果酱图像是情感化的，如果你能通过图像谈及他们喜爱果酱的原因就更好了。这里的示例海报仅有一页，如果你要发布多页海报，请确保在每页的顶部都醒目、大胆地重复概念块，并将概念块的数量降至最低。如果在海报顶部列出所有的果酱口味，你就会失去潜在客户，人们会因为心理上的不堪重负而退却。海报必须在一瞥间就吸引目光，这样才能为你带来客户。

　　这里有一件事非常重要，请一定牢记：概念块不是口号，而是你的目标或产品的表达。它应该告诉潜在客户：你致力于满足他们的需求、兴趣或愿望。这会迅速提高你的可信度，因为信息受众会从概念块中了解到，你是真的花了时间去理解他们。如果你的概念块包含了潜在客户或路人的情感关注点，并且音量足够大，重复的次数足够多，那么它就拥有了全新的意义。

　　如果你真的理解人们喜爱果酱的原因，那就一定要围绕这一点来设计概念块。正确的概念块会引起果酱爱好者们的情感共鸣。问题是，大多数果酱制作商并不真正理解顾客。相反，他们更关心自己的制作过程——但这只对他们自己有意义，与顾客没有任何关系。

　　知名鞋靴设计师德韦恩·爱德华在接受采访时说："设计师们犯下的头号错误就是先想到自己，而不是顾客。"

　　20世纪70年代，德韦恩在加利福尼亚州英格尔伍德长大。他有两个兄弟，一个死于疾病，另一个死于意外事故。尽管生活艰难，但德韦恩有个好母亲。只要是他想做的事，母亲都会鼓励他，包括对体育运动的热爱与追求。后来，年幼的德韦恩发现自己更喜欢用画笔描绘运动员，而不是上场当一名运动员。

德韦恩做的每件事都是独一无二的，因为他对所有传统事物都持怀疑态度，对没有意义的东西统统视而不见。这与李小龙对武术和生活的看法十分相似，所以德韦恩对这位传奇人物也十分敬佩。作为一名大师级的武术创新者、哲学家和艺术家，李小龙深入探究传统武术，并进行了自己特有的改良和创新。

> 吸纳有用的，摈弃无用的，加上你自己特有的。
>
> ——李小龙

孩提时代的德韦恩，喜欢描绘强大的运动员。一个偶然的机会，他开始被运动员们的鞋子吸引，并发现在自己的绘画中，运动鞋是最难、最复杂的部分。到12岁时，德韦恩已经只画运动鞋，不再画运动员。

虽然20世纪70年代末到80年代初的运动鞋已经十分华丽，但"运动鞋时尚设计师"这一职业当时还不存在。正如时尚博客"波特先生"评论的那样，在著名黑人说唱乐队Run-D.M.C. 推出大热单曲《我的阿迪达斯》之前，大众并没有意识到运动鞋对美国青年文化的影响。

关于《我的阿迪达斯》这首歌还有个传奇故事。20世纪80年代中期 Run-D.M.C. 乐队如日中天之时，"街头教父"唱片公司的联合创始人兼 Run-D.M.C. 的经理拉塞尔·西蒙斯，邀请阿迪达斯高管参加 Run-D.M.C. 在纽约麦迪逊广场花园举行的演唱会。当乐队演唱到《我的阿迪达斯》时，成千上万的孩子脱下运动鞋，在空中挥舞。看到这一幕，阿迪达斯高管立刻开了一张150万美元的支票，正式让 Run-D.M.C. 乐队为阿迪达斯运动鞋代言。可以说，这场活动对拉塞尔来说也是一个概念块时刻，他利用这一时刻获得了作为嘻哈和流行文化权威应得的关注。

这首歌的成功，标志着运动鞋正式成为主流街头时尚，也标志着运动鞋爱好者甚至收藏家时代的到来。为世界级运动员、音乐家、艺术家，乃至全世界年轻人设计鞋子，成为许多人的梦想。

与此同时，17岁的德韦恩终于通过求职中介找到了一份在著名运动鞋品牌拉盖尔国际总部做档案管理员的工作。在辛苦工作一年后，他注意到了公司的意见箱——所有员工都可以写下自己对公司的建议，并投到意见箱中。

在接下来的六个月里，德韦恩每天都会往意见箱里投放一张运动鞋设计草图——全部都采用平视、横向、无角度的侧面构图法，并建议拉盖尔公司聘请他为全职设计师。最终，他的设计草图传到了公司首席执行官罗伯特·格林伯格手中。在20世纪80年代末，个人手机还没有普及。于是公司高层使用广播系统通知这名不到20岁的档案管理员去面见首席执行官。要知道，拉盖尔可是当时全世界最知名的运动鞋品牌，这件事引起了全公司的轰动。德韦恩知道他的大胆设计一定会被公司高层接受，但他没有预料到，公司高层居然使用公共广播通知他这一消息。最后，德韦恩如愿被公司聘用，成了当时世界上最年轻的专业运动鞋设计师。那一年，他只有19岁。

23岁，当大部分孩子刚刚走出大学校门、正在寻找生活目标之时，德韦恩已经被任命为拉盖尔的首席运动鞋设计师。后来，他又在耐克公司工作了11年。在耐克，仅有8个人负责"飞人乔丹"系列运动鞋的设计工作，德韦恩就是其中之一。再后来，他离开了企业界。

今天，德韦恩·爱德华被誉为有史以来最伟大的运动鞋设计师之一。在美国运动鞋设计和制造圣地——俄勒冈州的波特兰，德韦恩创建了一所革命性的运动鞋设计学院——潘索尔[1]。现在，潘索尔是一所受人尊敬、极具创新性的运动鞋设计学院，而德韦恩·爱德华已经是公认的全球运动鞋设计教育领域权威，还在麻省理工学院和哈佛大学教授设计课程。在潘索尔投入运营仅四年后，著名商业媒体《快公司》将德韦恩评为"商界百大最具创意人士"之一。

德韦恩注意到，运动鞋公司很难找到成熟且有才华的设计师。在这个每年创造500亿美元产值的行业里，德韦恩不仅看到了问题，还看到巨大机遇。很多年轻人有才华，却不知道如何进入球鞋设计领域。通过创建潘索尔学院，德韦恩

1　潘索尔的英文名字是 Pensole，由 pen（笔）和 sole（鞋底）这两个英文单词合成。

为全世界的年轻人提供了进入这个行业的机会。"我看到了这个领域内的问题，包括行业内的问题、设计教育的问题，以及两者之间的脱节，而学生们则被这些问题卡在中间。"德韦恩说。

德韦恩知道运动鞋设计创意持续不足的原因。他走过一条以前从未有人走过的职业道路，这让他获得了看待整个行业的独特视角。也正因为如此，他知道如何改进整个行业系统，如何培养出更多合格的设计师。像这样的创新很少来自系统内，相反却常常来自像德韦恩这样没有被系统同化的独特思想家——他们愿意冒险，愿意为他们所知的真理而奋斗，毫不畏惧那个强大但存在缺陷的系统。

德韦恩精通概念块的掌控，知道抓眼球的有效方法，这些不仅是他设计工作成功的秘密，还是他的学院和事业获得成功的基础。现在，他把这些知识传授给了学院的学生们。德韦恩鼓励学生们保持和他相同的"每日一图"节奏，并坚持使用平视、横向、无角度的侧面构图法——这也是他对入学申请者所提交作品的基础要求。德韦恩说："侧面平视图可以让你将全部注意力都集中在作品上，让你看到艺术家的独特品质。其他角度和设计元素则会让你分心。"而这就是概念块。

德韦恩不仅要让学生们做好进入运动鞋设计领域的准备，还要让他们学会如何在现实世界中交流。德韦恩说："这些孩子只会像在推特上发帖一样，用140个字符的小段文字和缩写词介绍自己的设计，但这在现实世界中是行不通的。我必须让学生们明白，他们的语言交流和视觉交流一样重要。

即使只使用视觉交流，他们也需要表明自己是一个思维清晰的人。我的教学方法是，让他们试着将自己的作品集想象成漫画，因为漫画里的文字都很少。如果你能创建一个使用很少词语的视觉场景，或者让文字以超大尺寸出现，那你就抓住重点了，你已经是一个比他人更好的视觉沟通者。此外，任何大尺寸的展示，都会带来更多的情感冲击。"这是真正懂得使用概念块的人才会说的话。

其实，像德韦恩这样利用概念块的力量来吸引受众的高手，在历史上层出不穷。各个领域的很多泰斗巨擘们都使用过这一技巧，不管他们自己是否意识到这一点。或许这些人并不完美，但他们最终掌握了在拥挤世界中抓人眼球的技能。他们之所以是天才，不是因为他们作品有多么复杂，而是因为他们理解并使用了简单、大胆、不断重复的交流方式，让观众们充分了解他们作品和思想的复杂性。如果你也愿意这样去做，你的事业也会得到很大提升。不断重复的简单性可以化腐朽为神奇。

你要做的，就是持续使用一到三个概念块语句与目标受众进行沟通——或者说，给他们一个路标。对路标内容的承诺可能会让我们感到有些不舒服，因为没有人想在他人面前出错。然而，害怕失败是成功的最大敌人。如果任由恐惧控制自己，我们就无法为目标受众创造出足够醒目的概念块——我们会下意识地隐藏在忙碌工作中，以此避免失误。讽刺的是，我们在真正失败之前，就已经通过"拒绝将产品标志化"这一选择而断绝了"与目标受众进行交流并获得成功"的所有可能性。大部分人宁愿选择安全、忙碌但不被重视的方式，也不愿冒着犯错的风险大声与他人交流。

我们不应该过分谨慎地行事。让人们看到你的概念块语句或图像，你可以立刻吸引到他人的关注。下面这个发生在一个世纪前美国中西部小镇上的故事，或许也能给你一些启发。

1931年12月，年轻的药剂师泰德·赫斯特德（Ted Hustead）和妻子多萝西（Dorothy）搬到了南达科他州沃尔镇。小镇只有326名居民和一座天主教堂，但对这对年轻夫妇来说是个好地方，因为他们可以开一间自己的店铺了。泰德以3000美元的价格买下了一家店铺——沃尔药店，但不久之后才意识到这座小镇是多么偏远、落后，生意少得可怜。一天下午，这对夫妻坐在店里，无聊地听着后墙外16A公路上的老爷车叮当驶过。忽然间，多萝西冒出了一个好点子："那些驾车穿越炎热草原的旅行者们，最想要的是什么呢？他们渴了，想喝水，冰爽的水。而我们有足够的冰块和水。我们为什么不在高速公路上挂个牌子，让旅行者们来我们店铺饮用免费冰水呢？广告语我都想好了：来瓶汽水，来瓶冰爽的汽水，在下个路口转弯，就在16&14高速公路方向，非常近，免费冰水，就在沃尔药店。"

多萝西·赫斯特德将沃尔药店可以提供的东西与旅行者们的渴求联系在了一起。在公司网站上的历史介绍中，泰德回忆道："第二个周末，我和儿子在高速公路旁竖起了免费冰水的广告牌。必须承认，我觉得这样做有点蠢。但当我们回到店铺时，已经有人过来要冰水，多萝西忙得不可开交，我赶快过去帮她。"

多萝西通过一个真正的路标,大声说出了潜在顾客——疲惫不堪的旅行者们最关心的情感和身体需求:冰水和休息。沃尔药店的生意开始腾飞,即使在经济大萧条最严重的时候,即使位于一个偏远小镇,它的发展仍然势不可当。在第二次世界大战期间,沃尔药店好客、热情的标志甚至遍布欧洲各地。今天,沃尔药店已价值数百万美元,但它的所有标志仍然是手工绘制的,冰水也仍然免费供应,军人们还会得到免费的甜甜圈和咖啡作为感谢礼物。他们的广告牌上依然写着"冰水店"的字样,换句话说,多萝西的"免费冰水"概念块已经成为这个品牌的符号。在"病毒营销"概念出现之前,沃尔药店这个品牌已经像"病毒"一样散播开来,忠实的粉丝们甚至将药店的标志带到全世界,不仅有二战时期美国大兵在欧洲街头举着沃尔药店标志的历史照片,现在也有游客举着沃尔药店标志在长城和泰姬陵前合影。

不管现代世界多么拥挤,路标和警告标志都可以绕过堵塞,直接触及目标受众。它们能够让自己被人们看到并产生联系感。要做到这一点,我们只需**将自己工作中的某一点与目标受众的关心和需求联系在一起**。不管你的工作内容有多么复杂,只要一点就可以,正如沃尔药店的路标上也并没有涉及店内售卖的商品。这就是正确概念块的力量,它会创造出"病毒式"信息。

你要用诚实、可信、情感化的路标,来取代所有的自我宣传。换一种说法:

泰姬陵前的沃尔药店广告

      夸赞自己有多好 = **糟糕**

      将注意力放在"他人所关心的事物"与"你实际

做的事情"的交集上 = **很好**

    这就是概念块的使用方法，记得，一定要不停重复。当你能够将自己的工作表达浓缩至一到三个概念块时，你就会明白：如果想要在这个拥挤的世界里脱颖而出，被他人真正看到，就需要对自己和自己的工作进行根本性的改变。

2. 搭建概念块：箭头 + 箭杆

箭头：找出有识别度的强信号

有两个出身贫寒的人，他们生活在同一个国家的不同地区，以各自的概念块成名。两人的概念块甚至取代了他们的名字，成为其标志性符号，推动两人取得了原本看似不可能的成功。他们的故事告诉我们，拥有一个可以表明你是谁的独特概念块，可以让更多人认识你。

第一个故事的主角叫凯文·卡罗尔，他在六岁时被父亲遗弃，如今五十多岁时过上了非凡的生活。他成功的职业生涯开始于一个独特的概念——红色橡皮球。对，就是我们在小学操场上玩的那种红色橡皮球。

凯文会说五种语言。在短短五年时间里，他从一名高中体育教练变成一名大学体育教练，最后成为费城76人队的主教练。他说的话被印在1700多万个星巴克咖啡杯上。他曾在联合国发表演讲，阐述"运动"对发展中国家的重要性和对发达国家的启示。后来凯文入职耐克公司，耐克为他专门设置了一个职位——Katalyst，意思是"催化者"，"K"代表了他名字的首字母。凯文在耐克公司工作了十余年，离职后成了国际公众演说家，也是一位受人尊敬的社会变革推动者。

凯文认为运动和音乐一样，也是一种全球通用的语言，是人类交流性、适应性、生产力和创造力的基础。每年，凯文都要花费两百天以上的时间在世界各地旅行。他会在学校、企业和非营利组织演讲，宣传蕴含在运动中的社会变革力量。旅行到发展中国家时，凯文会走上街头，用一个崭新的足球换取当地孩子们正在踢的普通足球。在世界上最大的足球生产商摩腾公司，凯文有自己的专属足球系列。这个系列的产品上印着他特有的、代表活力与好奇心的符号。

在环球旅行中，凯文发现各个年龄段的人都在踢足球，很多足球表面的皮革都磨掉了。他收集了用香蕉皮、纱线、椰子，甚至压实垃圾制成的足球。这些手工制造的足球都被著名非营利组织阿斯彭研究所收藏并展出。

凯文说，这些从世界各地收集的足球代表了人类对运动的普遍愿望，无论生活是富裕还是贫穷，人们总能找到运动的方式。

凯文熟悉各种类型的运动，他认为球类是最好玩的。在一次交谈中，他向我详细介绍了首次提出"幼儿园"这个概念的德国教育家弗里德里希·福禄贝尔。福禄贝尔列出了一系列对儿童早期发育具有重要影响的玩具，第一个就是软球。球的原始力量表明了运动对人类的重要性。

凯文在自己撰写的第一本书中讨论了一个话题：为了传播自己的运动理念，应该将注意力放在哪一种球上？足球运动在世界各地都很盛行，而橄榄球、棒球和篮球运动实际上

印度尼西亚

墨西哥

乌干达

莫桑比克

美国

只在美国流行。最后，凯文选择了红色橡皮球，因为这种球在世界各地的小学操场上随处可见。在《红色橡皮球规则》一书中，凯文表达了对球和运动的敬意，并讲述了自己如何摆脱贫穷和被遗弃的阴影，获得了看似不可能的成功。在书中，他将我们在小时候都曾追逐过的红色橡皮球描述为追逐人生目标、放大人类潜力的一种象征。

《红色橡皮球规则》一书从里到外都经过了精心设计：书的封面由硬纸板制成，顶部有一块圆形镂空区域，露出一块带有纹理的圆形红色橡胶，代表着红色橡皮球。凯文聘请了知名的威洛比设计公司表现他想要传达的"运动"这一理念，又在温哥华找到了一家名为梅特凡的印刷商，帮助他制作这本由橡胶和纸板组合成的特殊书籍，最终以个人名义将《红色橡皮球规则》印刷成书。

离开耐克公司时，凯文已经是全球范围内广受欢迎的公共演讲者。今天，他是好几家国际公共演讲机构的代表人物，似乎每一家公司或机构，对他和他的信息都有永不满足的需求。在耐克工作期间，凯文开始意识到自己生命中唯一的使命和目标：他需要离开耐克公司，到世界各地传播玩耍的力量。

凯文坚信，如果能够追逐自己的人生目标，我们就会变得更好、更有效率。在孩提时代游戏时，我们常常会在无意识中做到这一点。凯文相信，通过运动推动社会变革，我们可以像孩童一样追逐那些能充实生命的东西。也就是说，如果我们这些社会个体都追求自己的目标和人生意义——那来自孩童时代的红色橡皮球——社会就能得到整体性的进步。

为了传播自己的想法，凯文决定寻找一家出版商，正式出版《红色橡皮球规则》。然而，尽管在演讲中他成功地卖出了自己印刷的《红色橡皮球规则》，但没有任何一家主流出版商或代理商愿意接手这本书。他一次又一次地听到相似的拒绝理由，"用厚纸板和红色橡胶进行制作，生产成本太高了"，或者"这种信息展示方式前所未闻"。大部分人从没见过这样的书：外表看上去像是本儿童读物，但里面却是成人才能理解的内容。凯文最喜欢的拒绝理由是"这本书设计过度，太过有创意了"。

所以凯文只能继续旅行，在演讲活动中推销这本书。在活动中，这本书引起过无数次令人难以置信的巨大共鸣，但没有任何一家大出版商愿意买下它，这让凯文困惑不已。最终，体育界巨头ESPN体育频道新开创的图书出版部门决定接手这个项目。十多年后，这本书依然畅销，书中关于如何克服障碍的知识被成千上万的人阅读。人们在读过、体验过这本书的内容之后，都认为它应该继续流传下去。

无论走到哪里，凯文都会被认出——"那个红色橡皮球的家伙"这一称号完全盖过了他在耐克公司的职业生涯、他参加过奥运会的经历，以及"NBA有史以来第三位黑人教练"的身份。这本书中关于运动的信息非常强大、实用。然而，如果没有将简单的"红色橡皮球"放在封面最明显的位置，它也不会像今天这样流行，"红色橡皮球"更不可能成为代表凯文·卡罗尔的符号。现在，当人们在街上或机场认出凯文时，他们会大喊："你就是那个红色橡皮球家伙！"

无论从事什么工作，只要使用重要的、可即时理解的东西，也就是概念块来代表自己，我们就会走得更快、更远。它将成为你的信号，让他人看到你、记住你，并深入探究你传播的信息。不断重复自己的概念块，可以让信息受众接受并解读我们传递的关于"我是谁"的复杂信息。

第二个故事能让我们从另一个角度了解"信号"的含义。一个叫唐万·哈雷尔（Donwan Harrell）的人选择了一个可以在不同阶层和文化之间产生共鸣的职业——制作牛仔裤，并且用独特的概念定义了它。

唐万·哈雷尔是一位在弗吉尼亚州工人家庭长大的艺术家。他的父亲是一名海军舰艇修理工，母亲是一位裁缝。现在，唐万已经成为世界上最成功的独立牛仔裤设计师。他的标志性水洗工艺已经成为他自有品牌的强大信号。

与传统的牛仔裤设计师相比，唐万更像是牛仔裤考古学家。他会定期前往美国偏远地区，进行为期三到四周的公路旅行，目的是收集、研究人们穿着牛仔裤的不同方式，然后在此基础上进行设计。他会观察油漆如何喷溅在汽修工人的牛仔裤上，记录农舍和矿井工人牛仔裤的独特磨损方式，以及他们的穿着体验。唐万痴迷于带有劳动痕迹和磨损的牛仔裤。在他看来，这些穿着的痕迹就像指纹一样独特。

旅行结束后，唐万会回到工作室进行做旧设计。为了保证每条牛仔裤都具有独特的磨损风格，他使用了极其复杂的水洗工艺。对于身为设计师和创造者的唐万来说，这些水洗工艺必须全部基于真实生活。无论富贵还是贫穷，平凡还是伟大，无论年龄、性别、所处国家和地区有何不同，所有人都有一种冲动：想穿有故事的衣服。在这个虚拟时代，人们依然珍视手工制品，也喜欢那些可以展示自己旅程与经历的事物，尤其是可以展示自己一天辛勤工作的印记。正因为如此，唐万的水洗牛仔裤看起来饱含人类情感。

唐万的辛勤工作和对细节的追求得到了丰厚回报，对他和他的供应商来说都是如此。首先，他们都得到了可观的利润。唐万是第一个前往日本，使用当地老式梭织机生产丹宁布牛仔裤的美国人，以至多年来很多唐万牛仔裤的粉丝一直认为他是日本人。布边丹宁布料在世界各地都有生产，但日本产出的是最上等的，因为这种昂贵、耐用的面料全部由老式织布机限量生产，这也造就了其与众不同的特点。尽管牛仔裤的铁杆爱好者，也就是那些布边丹宁布料粉丝们几十年如一日地推广布边丹宁牛仔裤，但这种产品此前并没有进入大型主流商店。在唐万的水洗牛仔裤出现前，没有人愿意花三五百美元买一条牛仔裤。而现在，布边丹宁布料的生厂商和进口商都从唐万的创新中收获颇丰。其次，也是最重要的：唐万已经成为他创造的独特水洗工艺的代名词，并因此闻名于世。他创立的奢华牛仔裤品牌 PRPS（英文单词"purpose"的缩写，意思是"目的"）深受名人和艺术家们的喜爱，包括像布拉德·皮特和大卫·贝克汉姆这样的流行文化缔造者。PRPS 的品牌口号是"伤痕累累，但永不破损"。唐万背着妻子收藏了不少20世纪60年代至70年代的大排量后驱车，这些车马力强劲，外形富有肌肉感。他的牛仔裤都是以这些"肌肉车"命名的。

唐万设计的那些看起来"生活过也工作过"的牛仔裤至少要数百美元，某些款式的标价甚至超过了1000美元。几年前，真人秀节目《行行出状元》的主持人迈克·罗韦在节目中看到了唐万牛仔裤的价格，竟当众叫了出来。他说："诺德斯特龙百货公司以400美元的价格出售人为弄上泥土的牛仔裤，我对此感到愤怒。"

唐万的水洗工艺是独特的，这种"生活过也工作过"的牛仔裤极具真实感，可以被粉丝们一眼识别出。"牛仔裤设计"并不是唐万的风格标志，"水洗"才是他的概念块。唐万几十年的工作创造出一个标志性的概念块，通过不断重复，他成功地将自己和世界上最复杂、最逼真的牛仔裤水洗工艺联系在一起。就像很多人对贝多芬的批评一样，让迈克·罗韦感到被冒犯的是唐万那独特的、将自己与其他人分隔开的概念块，这个概念块就是唐万的标志性信号。当他离开自己创建的品牌时，不少投资商向他抛出橄榄枝，多家全球知名时装公司邀请他进行设计。最后，唐万决定开创一个新的牛仔裤品牌，名叫"艺术遇上混乱"。他的独特信号让零售商们激动不已，短短几个月内，新品牌的产品就已经供不应求。

也就是说，唐万概念块的成功，已经超越了他原有品牌的成功。他的故事告诉我们：如果有一件事能让我们变得很特别，让信息受众产生共鸣，让我们被世人所知，那么我们就可以通过概念块、风格和创意获得持续成功。

箭杆：给其他信息列阵

　　我认识一个名叫布鲁格拉斯·比格斯的人。他成长于俄勒冈州的贫困乡村，在帐篷和货车里度过了童年的大部分时光。但今天的布鲁格拉斯·比格斯已经相当成功，他的巨大变化证明了人类精神中的力量、智慧与独特性——他就是那种能熠熠发光的人。

　　布鲁格拉斯拥有化学工程博士学位，成立了全美领先的生物科学咨询公司，常年奔波于北卡罗来纳州的罗利和日本奈良之间。他还拥有自己的赛车，赞助了一支车队，甚至拥有一个名为"观察者"的 GPS 应用程序，这个程序有三项专利正在申请中。"观察者"可能是世界上最精准的赛车科技应用了，它可以帮助赛车手们提高安全性及赛道成绩。这个智能手机程序的实时分析功能可以让赛手们查看自己在特定路线或赛道上的表现，并帮助他们在下一圈进行调整。

　　不过，他那家生物科学咨询公司对潜在客户的帮助并不像"观察者"对赛车手的帮助一样强力。第一次会面时，我与布鲁格拉斯分享了概念块原理。他借此反向解构了自己的咨询工作。无论在哪个国家或地区，大多数向他的公司购买咨询服务的制药和医疗器械公司都十分关注自己的行为是否合规，因为一个小小的错误就意味着巨额罚款。但是，他们也不想让外部顾问随便进出公司，因为这可能会扰乱运营秩序，或者改变工作场所的氛围。

　　基于自身独特的成长经历，布鲁格拉斯对公司经营的合规性有着独特理解。于是，他提出了一个概念块语句：让法律合规问题更轻松。雇用布鲁格拉斯的那些生物科学、医疗和制药公司常常被困在迷宫一般的行业法规中无所适从，所以布鲁格拉斯的概念块有强大的杀伤力。在用概念块开场后，他提供了大量的具体内容，解释自己公司提供的服务是多么便利，坚决不会打搅到客户的日常工作。他只会派遣那些让客户们放心的顾问，这些顾问坚决不会让客户有被审计的感觉——而"审计式咨询服务"恰恰是他的竞争对手们使用的方式。布鲁格拉斯清楚地意识到，客户们不想与那些让自己感到不舒服的公司打交道。他已经掌握了概念块中的箭头和箭杆，即极简化做法与概念块携带的复杂信息之间的关系。

　　我再举个例子。假设你是一名室内设计师，如果你的客户说"我想要个法式风格的家"，那么你也应该立刻使用"法式风格的家"这个概念块与对方交流。人们对自己的家都有着深厚的感情，当你的潜在客户表达了想住在"法式风格的家"的想法时，你应该意识到其中包含的大量情感。然后，你不仅要将所有的设计细节与客户的情感关注点联系起来，还要在与客户进行的所有交流和演示中，都不断重复"法式风格的家"这个概念块。这个概念块就是你信息中的箭头，其他支撑这个概念块的复杂信息都是箭杆。当然，你必须能提供具体的法式装修设计信息，否则到手的成功将转瞬即逝。

也就是说这个概念块语句，就应该体现后续具体交流内容的大方向。如果在这一步你做对了，不仅可以让客户感到舒适，同时还可以帮助你确定交流中所需的支持。我并不是要让你盘问客户，而是要让你倾听对方，保持自己与客户之间交流的顺畅。当然，为了持续地抓人眼球，你必须完成自己承诺的内容，一定要与众不同，或者说做得更好。

人们会成长为专业人士，甚至能创建公司来为他人解决各种问题。从本质上讲，问题都是与情感相关的。所以不管你说什么、做什么，都与情感相关。**你要真正倾听你的潜在客户，分析他们情感上的需要，只有这样，他们才会将对自己影响最大的概念块亲切地交到你手中。**

不要回避倾听，即使它看起来十分枯燥，毫无技术含量。不去倾听，反而分享太多的技术或细节信息，可能会让你永远失去机会，因为这种行为与客户的情感关注点南辕北辙。如果你想吸引潜在客户的注意并与之交流，你就要将"法式风格的家"作为箭头，不断重复，并围绕这个情感关注点传达服务细节。在这种情况下，你的客户会变得更放松、更舒服、更加信任你，同时也会更加关注服务计划和具体细节——这对你们双方来说都很重要。

不断重复概念块语句，你的客户会给你更多关注，会更牢固地记住销售讲解（与你的竞争对手相比），因为"法式风格的家"这个概念块是简单、可即时理解的，而且是客户的情感关注点。使用这个短语会改变客户看待细节的方式，让他们牢记设计和服务细节。因为这些具体细节都是与概念块相关联的，一旦客户想起了概念块，细节就会随之出现。

如果能在销售前的交流中反复使用概念块并成功在客户大脑中创建符号，那么一名缺乏经验的新手设计师，也有可能比一名不使用概念块的资深设计师更加成功。不管何种交流，只要你去寻找，每段交流中都存在一个概念块，可以让你的信息引起他人的关注。当你以对方的情感关注点为核心，精心制作并反复使用情感化语句时，目标受众就会更好地理解和记忆你的信息。

这意味着你要感知客户的利益所在，围绕客户的情感关注点制作你的概念块，并以此为基础回答客户提出的问题。原因我们刚刚讨论过：专业人士和公司的存在就是为了解决问题。

到目前为止，我们的关注点都在概念块上——这是一个大胆突出的单一图像、旋律或语句，可以在瞬间吸引人们关注。为了更准确地理解，你可以将这一过程想象为一支既有箭头又有长杆的箭。

想象一下，如果一名弓箭手射出的箭只有箭杆没有箭头，那么箭根本无法刺入目标。如果射出的箭只有箭头没有箭杆又会如何？那还不如捡块石头丢敌人，因为没有箭杆的箭头不知道会乱飞到哪里。所以，如果你想让自己的概念块能够进入并留在人们的大脑中，就必须把这个简单、突出的概念块与后面错综复杂的信息联系在一起。

回到布鲁格拉斯的故事。就像沃尔药店和它提供的免费冰水一样，布鲁格拉斯也通过概念块直接触及客户的情感关注点——法律合规性压力导致的紧张与恐惧。布鲁格拉斯告诉客户，他创造了一种世界上最友好、最轻松的方式来帮助客户达到法律合规，然后进一步解释了这一方式的工作原理。这一套组合拳帮助他开拓了巨大的市场，客户对这种服务的需求络绎不绝，从未间断。由此可见，使用概念块可以让你远超竞争对手，让客户视你为不可或缺的唯一选择。

这里还有一个来自科技领域的案例，完美展示了直击客户关注点的概念块是如何迅速创造需求的。英特尔公司曾推出名为 vPro 的芯片，可以提供更加强大的功能。问题是在最初的宣传中，英特尔将新芯片的所有新功能都一一列出，多达15种。和很多人一样，英特尔的开发人员为自己的工作与成就深感骄傲，希望将所有新功能无差别地推荐给全世界。但这一举动相当于给了客户们一整片森林，没人可以从中找到自己关心的那棵树。对于宣传信息的创作者们来说，这可能是一首和谐的交响乐；但对于客户们来说，这些信息是混杂一片的噪声。

尽管英特尔公司使尽浑身解数，这款芯片的销售依然在原地踏步。而在这个竞争日益激烈的市场中，新制造商们正在以越来越低的价格为企业客户提供相似的产品。英特尔必须找到一种新方法，在坚持整体价格策略的同时保住市场份额。

当被问到客户对新产品的最大关注点时，这款芯片的营销团队一致同意，客户最关心的只是其中一个独特的安全功能：远程监视、控制公司的无线笔记本电脑，甚至可以远程清除数据。对于拥有海量信息资产的大公司来说，这是一项非常重要的功能。于是，营销团队围绕这一功能制作了新广告，只包含了一个简单的概念块——"无线办公的尖端安全防护"，并以醒目的超大广告牌展示，让信息接受者可以即时看到并充分理解。

事实证明，一旦理解了新芯片的安全特性，客户们就立刻觉得自己也需要它。英特尔的概念块和广告将产品信息范围缩小到了一个简单概念并不断重复，而这个概念对翘首以盼的客户来说绝对重要。尽管新产品能够实现的功能很多，但突破点却只抓了一处。当然，营销团队依然会推广新产品的其他功能及细节，但只会在展示概念块之后进行。

箭头就是与情感相关的信息再加上不同寻常的超规格展示，正是这一组合吸引了客户的眼球。请记住，寻找你的产品和服务的那些客户，正行驶在一条有着无数出口的高速路上；他们将在符合自己需求的、最醒目的超大路标指引下找出口。一旦明白了这一点，你就可以轻松将竞争对手甩到身后。但如果你的竞争对手也这么做了，那你就要创造出客户更迫切需要的东西，并且将它做成路标。

所以，不管是一幅画、一张照片、一个革命性的创意，还是一块芯片，想在信息爆炸的世界中获得成功，都离不开箭头、路标和概念块，这些给了我们一个极其简单并正确有效的系统。英特尔会尽可能地重复新芯片的产品信息，在每个适合的时间和场合，在每个与客户的接触点。这就是为什么它能够迅速标志化并牢牢占据客户的大脑。

现在，想象一副巨型的概念块弓箭，它有一个在视觉上一旦概念块的重复次数够多，它就会进入目标群体的大脑并产生印象。只要不断重复，这一效果迟早都会出现。

不成比例的、远远大于箭杆的箭头。一旦箭头击中并穿过目标，箭杆的作用就开始凸显。箭杆让箭头深深刺入目标，并牢牢地黏着在客户大脑中。

在极简化的引领下，干扰被消除，人类对过载数据的抵触心态也被大大削减。概念块中附带的复杂信息也可以轻松进入客户的大脑中。

这里的重点是，你要不断重复概念块，让更复杂、更具体的技术性信息与概念块交替出现。复杂信息和概念块的交替前进会让你的信息绕过干扰，牢牢地黏着在客户的大脑中。

为了让概念块更加有效，所有的宣传册、广告、网站，所有你与目标群体交流的媒体渠道都必须充满大量的大号简洁文字及图像，让潜在客户对你的信息一目了然。这就是与客户的接触点，是入口，是你信息的路标和传送门。不使用

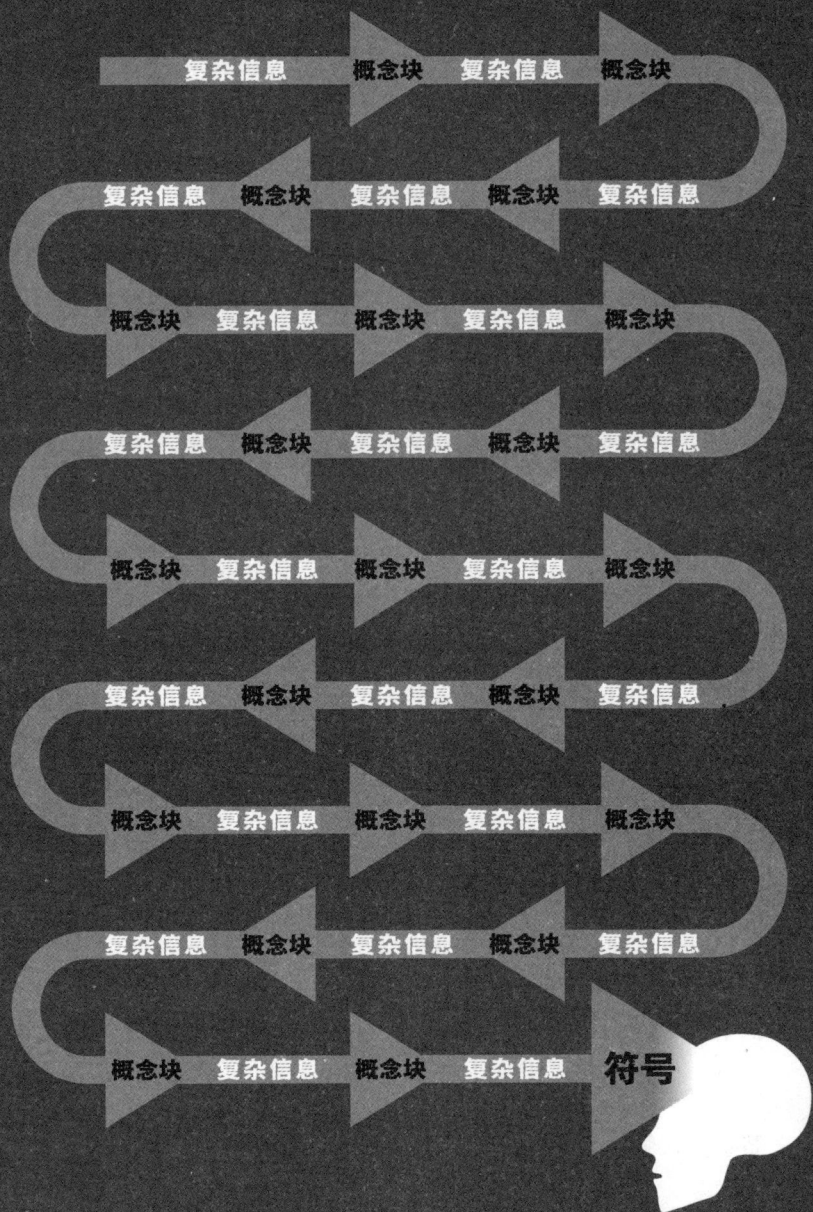

复杂信息　　概念块　复杂信息　　概念块

复杂信息　概念块　复杂信息　概念块　复杂信息

概念块　复杂信息　概念块　复杂信息　概念块

复杂信息　概念块　复杂信息　概念块　复杂信息

概念块　复杂信息　概念块　复杂信息　概念块

复杂信息　概念块　复杂信息　概念块　复杂信息

概念块　复杂信息　概念块　复杂信息　概念块

复杂信息　概念块　复杂信息　概念块　复杂信息

概念块　复杂信息　概念块　复杂信息　符号

概念块，就等于亲手堵上了你与目标群体之间的交流渠道。

即使创造了一个完美的概念块，如果你吆喝的音量不够大，潜在客户们也无法看到你的信息。

广告商是人类当中的信息制造专家，他们几个世纪以来一直致力于解决消费者们"反复无常"的问题。然而，很多广告商并没有真正理解这一现象背后的机制，所以我们直到今天还能看到那么多毫无意义的口号式广告。很多广告商知道自己需要将信息提炼成可以被迅速感知的内容，却并不知道如何将其制作成顾客真正关心的东西。他们知道箭头的重要性，但低估了箭杆的力量；或者，他们过于关注复杂的细节，将整支箭的引领任务和驱动力留给了不堪如此重任的箭杆；又或者，他们会打造一枚毫无意义的虚假箭头。千万不要学他们。做广告就必须做到真实、易懂，并用概念块贯穿整个过程。这样，即使你想创造无效的符号也很难。

前面我说过，概念块并不是口号。但是有时，口号却可以成为概念块。

口号只是一组词的集合，它们可能会让用户对你所提供的产品或服务产生兴趣，也可能不会。但**概念块是一个情感箭头，可以直击目标群体的核心关注点**。如果你的口号能做到这一点，那么它就是概念块。

联邦快递公司在1978年到1983年间使用的广告，绝对是有史以来最棒的广告语之一：当它必须一夜间送达。这句广告就是一个概念块，并且十分独特。联邦快递以最直截了当的方式，准确地阐述了它为客户解决的问题。在当时，这种

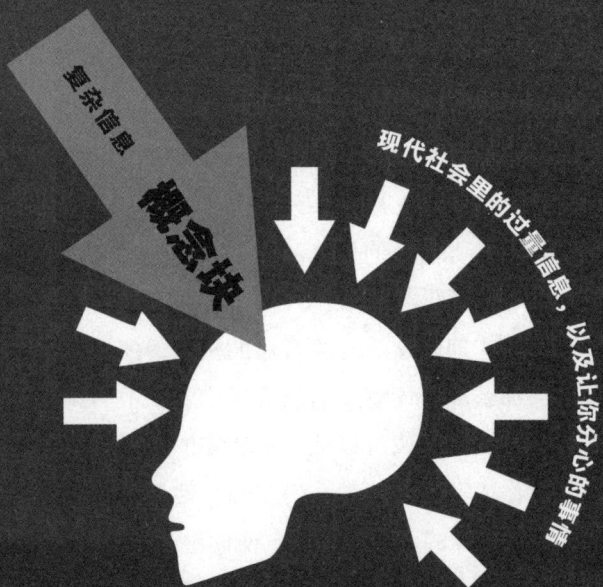

复杂信息

观念块

现代社会里的过量信息，以及让你分心的事情

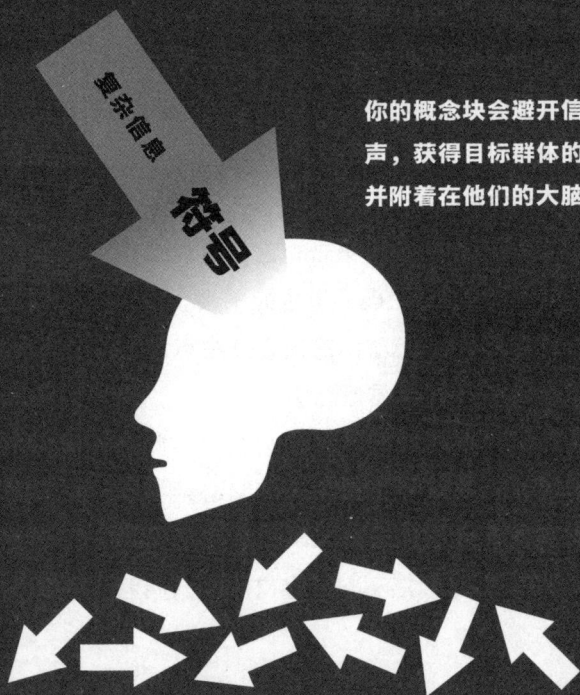

复杂信息

符号

你的概念块会避开信息噪声，获得目标群体的注意并附着在他们的大脑中

用广告直接描述公司服务最终效果的做法并不常见。此外，这句广告语也十分情感化。在互联网和电子邮件出现之前，货运公司是人们快速传递重要文件的唯一方式。联邦快递广告语中的"必须"安抚了客户发送包裹时的不安和焦急感。联邦快递的信息是对事实的陈述，而不是什么时尚用语。

现今，有很多公司都能提供类似的快递服务，但联邦快递已经有效地在客户心目中为自己创造了标志性形象，以至很多人在要求别人必须当天把物品寄到时都会说"请寄个联邦快递吧"。市场在变化，时代在变化，概念块也需要随之改变。毕竟，在现今的数字化世界中，一夜送达的快递服务已经不再那么重要。但有一点是不变的：**你要直截了当地大声说出能为目标受众提供的服务，并毫无顾忌地持续重复。**

广告、短信或电子邮件，这些信息只会在我们的大脑中停留一秒，然后就像正午阳光下的水滴一样迅速消失。但能够制造情感共鸣的概念块可以让信息更具黏着性。

问问你自己：你能为客户提供哪些服务或产品？你能为他们解决哪些问题？你的服务或产品可以达到怎样的效果？

看看你的宣传材料：在直击目标群体的情感需求方面，它有多么大胆、突出？你的信息是否响亮或者醒目，例如让广告口号占据一整张海报页面？无论你的信息传递渠道是什么，你是否像前面讲到的梵高作品或红色橡皮球那样，在大胆使用你的核心形象与目标群体进行交流？

3.不断重复概念块，让它越滚越大

一个精心制作、不断重复的符号，就像20世纪50年代恐怖电影《变形怪体》中的怪物一样。怪物每吃下一点东西都会变得更大、更强，同样，对概念块的不断重复，也会让你的符号越来越大，越来越显眼，越来越有影响力。

雪球效应就是概念块的应用定理，你可以按照这条定理，通过概念块培育一个符号。它的表述如下：

随时随地不断重复的概念块等同于用户需求。

如果你创建了一个代表你的产品、服务、创意、风格或者你自己的概念块，并随时随地刻意重复，它就会迅速培育出人们对它的好奇和关注。概念块就像雪球从山顶滚落，重复越多，体积变得越大，速度越快，冲击越有力。无论是10分钟的演讲，还是持续10年的营销活动，都是如此。

记住，虽然重复是违反人类直觉的，但就算会让人感到有些不适，概念块的作用也依旧存在，效果丝毫不减。最好的重复方式，是重复那些完全相同（或高度相似）的语句、图像。有些时候，不断重复自己的话语会让你感觉很别扭——

但无论怎样，你都要坚持下去。如果你觉得完全相同的重复太做作，也可以围绕同一概念使用不同的表达方式。

路德克公司是美国田纳西州查塔努加的一家小企业，它发明了一台充满天才般创新力的强大机器。这台机器是岩石破碎机和砾石道路铺设机的合体，可以将大块岩石研磨成颗粒状的砾石，让崎岖不平的岩石道路变得无比平坦，方便汽车等机动交通工具的行驶。有了这台机器，木材和矿产公司的工作团队可以在山间林地里通行无阻。

机器问世的头几年，路德克每年只能售卖出一到两台，收入勉强度日。可仅仅过了几年时间，路德克就从一家小型家族企业变成了一家大公司。外界对这种新型机械的需求成倍增长，公司也成功地扩大了生产线。路德克业绩的增长，很大程度上要归功于一家几十年如一日不停使用概念块的广告公司——强力公关公司。

强力公关公司先为路德克创造了一个概念块：

碎石路修缮：不要掩藏问题，粉碎它！

这句话对你来说可能没什么意义，但对于一位林业或矿产公司的司机来说却充满了巨大的情感号召力。

接着，强力公关公司创作了一篇关于该机器的知识普及型文章，将它发表在和林业及矿产领域相关的刊物上，并不断重复，每隔三至六个月就选择一份新刊物再次发表。这篇文章的标题是一个概念块，将路德克的产品与潜在客户们的情感关注点联系在了一起。不管刊登多少次，标题永远不变。因此，目标受众会在多份刊物上看到完全相同的题目和文章。这种重复带来的巨大力量，将路德克这个原本无法被他人看到的企业培育成了一个成功的、兴盛的企业。

我们都知道，与目标受众的情感联系会让概念块变得更加强大。**但如果重复得足够多，很多没有情感联系的概念块也会逐渐变强**。就像奥威尔所说：不管是否包含情感，任何重复得足够多的内容，都会创造出一种联系。诸如邦迪、施乐、可口可乐这些名字被重复得非常频繁，甚至已经成了某类产品的代名词。

有一个术语叫"通用商标"，意思是某一专有品牌名称（或商标）被人们当作某一类型产品或服务的代称使用。例如在上一章中，人们使用"联邦快递"表示一夜间即可送达的快递服务。那么，要如何让自己的产品成为通用商标呢？答案是：重复，以雪球效应的方式重复。雪球效应可以在加快标志化过程的同时，控制标志化的结果——制造一个可即时理解的、能够引起情感共鸣的符号。

基于人类的原始感知方式，概念块可以在很短时间内引起关注，且有效性能持续很久。通过不断重复，较小的独立概念块会像滚雪球一样成为一个大型、简单、标志化的信息。

人们普遍认为，只有古老的或知名的事物——比如贝多芬的交响乐和巨石阵的神秘石碑——才能扎根于人类的集体意识中。但实际情况是，某个事物的"年龄"和名气，与人

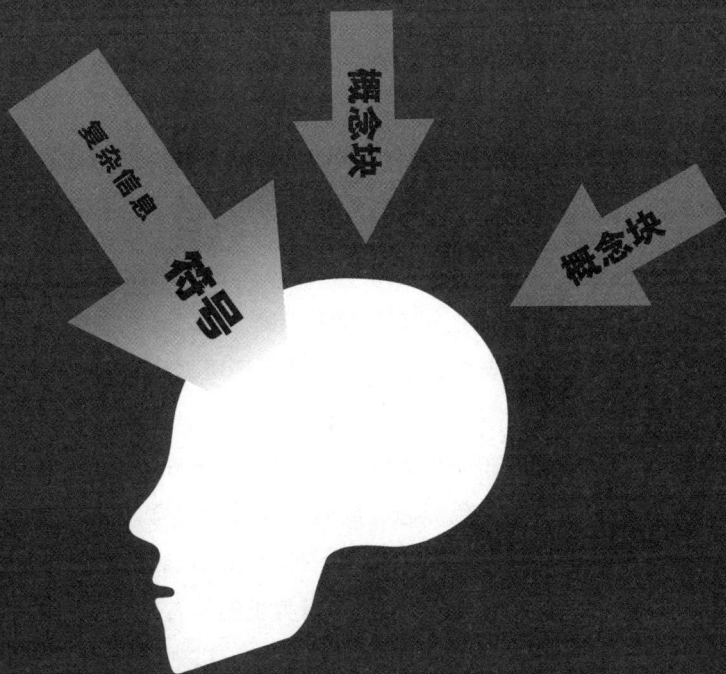

重复会强化你的符号

们是否能够记住它并没有太大关系。

是信息传递方式决定了他人如何看待你和你的产品，决定了在他人眼中你是否可信，是否比竞争者更具吸引力。

真正的传播高手会不断打磨自己的概念块，他们不仅能让自己在过量信息造成的混乱与稀释中脱颖而出，还能以最快速度抓人眼球，让目标受众记住自己。刻意重复一个简单、醒目的概念块，可以加速这个概念块的标志化过程。这一过程并非像很多人想象的那样，是随机的、不可控的。

即使是最简单的符号，也会因不断重复而承载大量复杂信息，例如麦当劳的经典"M"形标志。看到这个标志的一瞬间，你的大脑可能还没有回忆起"麦当劳"这个名字，却已经浮现出一些经典食物的图像，甚至还可以闻到它们的味道，接着回想起麦当劳的广告角色和广告词。这些信息都是那个巨大的标志化符号带来的。当你驾车行驶在高速公路上，忽然间看到巨大的金色标志，此时无须其他信息，麦当劳的一整张菜单已经在你脑海中闪现。那个标志代表的不仅仅是"麦当劳"这个名字，还有你在麦当劳里的所有记忆与体验。也就是说，一个简单的符号，可以承载一系列庞杂的信息。如果有目的、有选择性地利用这一原理，你将获得变革性的力量。

当看到心爱之人的照片时，你的大脑会在瞬间将对方的脸庞与海量的信息联系在一起——你们共同的经历、体验和彼此间的情感等。这些记忆和情感会在瞬间涌入，不管你是否想要。

真正的传播高手会使用简单的概念块进行交流。对人类的好奇心来说，独特性就像糖果一样诱人。一个代表你自己的、不同寻常的概念块，可以获取更多的关注和理解。如果周围环境不适合不断重复某个具体事物，你就可以将其中的情感提炼成概念块，然后不断重复这个情感概念块。

雪球效应不仅能帮你的目标受众找到你，还会让你变得更加积极主动。因为将交流集中在一个不断重复的、固定的信息点上，这种异常稳定的沟通过程会大幅增强你的心理稳定性。无论是以书面、言语、音乐还是视觉方式进行交流，你都会更加积极地肯定自己并采取相应行动。始终如一地进行交流，不断重复相同信息，这会让我们对自己的立足点和未来方向充满信心。每一次重复信息，不仅是与目标受众的交流，还是我们与自己的交流，我们会对现有的前进方向和努力的原因更加坚定。我们可以与自己交流公司或个人的工作使命，也可以作为艺术家对个人风格进行自我剖析。当不断重复概念块时，我们会感觉到这种内部的直接交流，并且会爱上这种感觉。

PART FOUR

第四部分

真实可信才能抓人眼球

1. 一个说真话的人只有一个故事

如果一见面我就告诉你我从未犯过错误，你会怎么想？如果我告诉你，我是大师级舞者、奥运级滑冰运动员，或是自创了一门武术的格斗高手，你会怎么想？

你会先略感怀疑，然后迅速得出结论：这是个骗子，可能还有点精神不正常。对，这就是自恋型广告给人的印象。在现实生活中，很多公司都在使用这种自我吹嘘型广告。最终效果如何呢？**在数字时代，任何试图塑造完美形象的公司，最终都会失去用户们的信任。**

1999年，社交媒体和互联网广告尚未全面铺开，时任可口可乐公司首席营销官的塞尔希奥·齐曼就已经意识到了这个问题。"传统营销不是正在消亡——它已经消亡了！"齐曼在他的畅销书《可口可乐营销革命》中写下了这句话。

他还说道：

> 过去以量取胜的广告战术，现在已经无法打动大众。技术给予人们更多的选择，并创造了"消费者民主"。现在，不管消费者想要购买什么产品，他们都有太多选择，数百万种不同商品想要挤进他

们的购物车。因此，营销人员需要越来越多地与单独或者小群体顾客进行交流。面对难以计数的选择，每位顾客在进行购物决策时都有自己独特的想法和考量。营销人员必须了解这些考量，并直接与消费者们的独特关注点对话。

某家餐馆声称自己拥有全市"最好的比萨"，这样的广告宣传语你听过多少次了？不管在什么领域，无论是什么类型的产品，这样的广告都会出现。正如阿尔·里斯和劳拉·里斯在《公关第一广告第二》一书中指出的，自20世纪60年代末70年代初广告的大规模扩展以来，社会一直对自我吹嘘型广告持怀疑态度。从饮料、早餐麦片，到香烟和金融机构，现代广告充满了无法证实的、离谱的吹嘘型宣传和口号，比如可口可乐说他们的饮料"能增强生命"，骆驼香烟说"与其他香烟相比，医生更青睐骆驼香烟"。这样的例子太多太多……你可以在无数世界知名品牌的广告中看到这一情况：

"新鲜、有益健康的女主人蛋糕。"——女主人纸杯蛋糕
（"Fresh, wholesome Hostess."—Hostess Cupcakes）

"男人最好的模样。"——吉列
（"The best a man can get."—Gillette）

"歌唱教练建议她来根淡烟。"——好彩香烟

("Her singing coach advised a light smoke."—Lucky Strike)

"一天来一碗，霸凌远离我。"——苹果杰克麦片

("A bowl a day keeps the bullies away."—Apple Jacks)

"身为你的牙医，我推荐总督香烟。"——总督香烟

("As your dentist, I would recommend Viceroys."—Viceroy Cigarettes)

"让所有家庭都跟上步伐。"——世界金融集团

("No family left behind."—World Financial Group)

"愿景开始之地。"——雷曼兄弟

("Where vision gets built."—Lehman Brothers)

时间证明这些口号都是谎言，但企业和广告商们仍然乐此不疲。在这个随时随地可以使用智能手机查询信息的时代，吹嘘型宣传绝对是一种令消费者反感的行为，因为他们可以随时上网查证广告中的信息。所以说，公司必须以顺应时代的方式进行宣传，坚决不能欺骗或误导消费者。你可以看一下超市货架上的糖果零食，比如软心糖豆、果味软糖，很多包装上都写着"低脂"或"不含脂肪"。就算这些糖果的确是低脂的，这也并不意味着它们对你的身体有好处——但这恰

恰是包装宣传语所暗示的。

《哈佛商业评论》曾对当下商业社会里营销相关的数据进行过分析，调查结果似乎揭示了很多问题：

· 84% 的营销活动实际上降低了产品的市场份额。

· 大多数为了获得客户而进行的营销活动，都会导致亏损。

· 促销活动通常会得不偿失。

· 广告的投资回报率低于4%。

· 将成熟产品的广告预算加倍，其销售额只会增加1%到2%。

· 90% 的新产品，其市场投放是失败的。

尽管广告已经失去了应有效用，但自我吹嘘型广告仍然影响着人们的互动方式和互信能力。在我们的大脑中，"完美"已经等同于"欺骗"，这就是铺天盖地的荒谬广告造成的负面结果。很多企业在广告上宣称自己的产品很完美，却从不对措辞的真实性和准确性负责。广告让人们不相信他人的自我肯定和赞美，哪怕这些都是真实的。这种怀疑已经蔓延到生活中的其他领域。在与他人的交流中，自我认可反而会破坏自己的可信度。经历了海量的广告冲击后，我们往往不相信同事讲述的传奇经历。如果伴侣在讲述自身故事时带有一点小夸张，我们感受到的可能不是惊奇，而是厌恶。

自我认可会导致他人的不信任。《广告周刊》杂志曾分享过著名咨询机构盖洛普公司的一次调研结果，82%的美国消费者根本不信任大企业的言辞。这种情况已经持续了几十年，现在，互联网的崛起让这种不信任感达到了历史顶峰。《广告周刊》的这篇文章指出："在承受了过量广告的狂轰滥炸后，人们已经发展出一套内部信息过滤机制，可以很容易地将浮夸的营销信息转变为一片模糊的白噪声。"这篇文章还谈到了消费者对广告的不信任："对数百万美国人来说，广告商和各大公司已经变成别有用心的陌生人——这意味着他们不值得信任，也不值得关注。"

现在，我们认为完美就是欺骗。

一个说真话的人只有一个故事。所以，无论你对世界宣称什么，一定要确保它代表了真实的你。

在今天的世界中，真实性非常重要。技术型高管、作家汤姆·海耶斯在他2014年出版的《更重要的相关性》一书中就将真实性列为营销第一原则。这本书提到，在不真实的基础上创建信息就一定会失败，信息创建过程需要一定程度的自我意识和自我发现。

海耶斯这样写道：

> 在识别自身优势并通过自有品牌展示这些优势的过程中，太多公司和个人都被错觉引离了正轨，就好像永远都生活在另一个世界里。他们提供的服务其实很糟糕，却偏偏要说自己的服务很棒。他们生产的

汽车外形十分普通，却在不停宣传它的时尚魅力。
如果你传递的信息与真实情况不符，那信息就会削
减你的力量，破坏你的信誉。为了找到自己的真实
性并准确传递，我们必须先走出"自欺"的世界。

1990年，曾获奥斯卡金像奖提名的达德利·摩尔主演了
一部叫《天才一族》的电影。电影主角是麦迪逊大道广告公司
的一位主管，他因为妻子的离开而备受打击，进而为自己多
年来对消费者的欺骗而感到自责，最后精神崩溃，被公司送
进了精神病疗养院。因为他是公司的业务精英，所以老板鼓
励他在疗养期间继续工作。正是这段经历让他顿悟，发现"说
实话"才是最好的广告。精神病疗养院里的其他病人也受到
启发，纷纷为他献计献策，给出的广告语既真实又搞笑，按
常理说绝对不可能在现实世界中出现：

如果冒着患上肺癌的风险抽烟，那香烟不应该有着迷人
的味道吗？因为它会杀死你，所以它应该尝起来很棒，不是
吗？阿马尔菲香烟。肺癌？可能有。味道？绝对棒。

要买就买沃尔沃。它四四方方，但非常棒。现在有这么
多疾病肆虐，并不是展示性感的好时机。记住，安全而不是
性感。

忘了巴黎吧。法国人很烦人。欢迎到希腊来，我们比他
们更好。

美达施纤维素：它可以让你上厕所，如果不使用它，你
会因癌症死去。

这些广告词很荒谬，但是在当代文化表达中，这些类似笑话的广告语却被消费者认为更可信。在互联网时代的今天，我们需要表达出自己最基础、最真实的意图和目的——不用像《天才一族》中的广告词那样夸张、荒谬，但必须清晰、真实。

在电影中有这样一幕，两个人互相开玩笑，一个说"让我们向全美国的消费者说实话"，另一个说"我们不能说实话，你这个疯子。我们在做广告"。像第二个人这样的想法就决不可取。

我们已经生活在一个不同的时代，品牌忠诚度已经不是过去的样子了。很多品牌的制造工厂已不在本国，人们不会再反复购买同一产品，当然，也不像过去那样有稳定的工作保障。因此，**只是强化品牌认同感的广告已经毫无用处**。在技术创造了无数选择的今天，**消费者们只想用手中的钱换取最好的商品，而不是最有名的商品**。智能手机可以让人们随时随地查看商品的评论和用户体验，这意味着消费者可以根据互联网信息来进行购物决策，而不只是听从广告的安排。

当然，真实性的体现不仅仅在于你说了什么，还包括你做了什么。所以你的概念块语句一定要清楚地反映出你实际做了什么，而不仅仅是信息受众想要你做什么。如果你的工作已经体现了你对目标受众的思考与关心，那么你的概念块可以很轻松地引起共鸣。如果你的概念块无法赢得他人的关注与肯定，那么我建议改变一下工作方式或者工作内容，这样你才可以通过"做真实的自己"获得成功。

长期以来，大小公司都使用官方推荐、好友分享以及第三方推荐，作为自我吹嘘型广告的替代方案。这些方式的确可以增加公司的信誉度，但问题在于，很多人会下意识地过滤掉这些信息，尤其在明星代言越发普遍的今天更是如此。于是，有效沟通变得越来越少，即使能够带来信誉度的增长也没有什么意义。在目标受众评估你是谁以及你的信息是否有价值之前，你必须先让自己的声音被他们听到。

　　这意味着，广告不能高高地飘在天上，它必须接地气。广告的简洁性和标志性，意味着它与概念块是一对天生的好搭档。更重要的是，广告的本质就是重复。

　　通过概念块，你可以对产品、创意和信息进行定位，并在没有推荐人的情况下提高自身信誉度。只要你的概念块真实、透明、简单并可即时理解，就能做到这一点。你必须坦诚、真实地做自己。今天，真实、透明比以往任何时候都更加重要。

　　我们生活在一个彻底透明的时代。人们的沟通渠道比过去更加丰富，沟通速度也快了很多。如果有人传递的信息不真实，我们可能无法每次都分辨出来；但如果有人传递的信息是真实的，那我们一定会知道。真实透明才会建立信任。

　　在短短五十年的时间里，世界发生了巨大变化。有线新闻频道持续向我们提供来自世界各地的最新信息，从不间断。技

全美信息沟通的增长

发送的短信	**1968年** 0	**今天** 2,000,000,000+
智能手机	**1968年** 0	**今天** 279,000,000
互联网用户	**1968年** 0	**今天** 245,000,000
电话	**1968年** 41,600,000	**今天** 151,000,000
卫星广播电台	**1968年** 0	**今天** 227
广播电台	**1968年** 5,158	**今天** 14,952
广播电视台	**1968年** 603	**今天** 1,783
报纸	**1968年** 13,212	**今天** 13,670

讽刺的是，印刷技术并没有发生太大的变化，所以从 50 年前到今天，报纸的数量并没有改变。图中并没有显示出今天成千上万的在线新闻渠道。

数据来源：Census.gov、SiriusXM.com、AmericanRadioHistory.com、Stanford.edu 等网站。

术的飞速发展创造了巨大的信息流，并且引发了人们对最新信息的巨大渴望。短信、电子邮件、视频聊天以及其他科技工具的出现，让人们可以在人际关系的汪洋之中，有选择地进行一对一交流。这种即时通信进一步塑造了人们对即时回复的期待。

讽刺的是，像互联网这样的技术型资源并不能提供最准确的信息，而且大部分人都知道这一点。据美国市场调研机构哈里斯互动公司的调研显示，98% 的美国人不信任在互联网上找到的信息。其中有四项原因与数据泛滥相关：

· 59% 的人认为广告太多。

· 56% 的人认为信息过时。

· 53% 的人认为互联网信息都是各公司的自我宣传。

· 45% 的人表示自己不熟悉如何使用互联网。

我们会上网查询信息，但仍会对查询结果持怀疑态度。具体来说：如果互联网是某条新闻的唯一来源，那么人们会认为这条新闻高度不可信——只有12.5% 的人会相信网站发布的信息。然而，人们对传统媒体的信任也好不到哪里去。20世纪90年代末，盖洛普公司曾在美国进行过相关调研，内容如下：

请从总体上描述你对大众媒体（如报纸、电视、广播）所发布新闻报道的完整性、精准性和公平性的信任程度：

美国人对大众媒体的信任程度

1997年　　　　　　今天
100%

非常信任
或比较信任
50%

不怎么信任
或完全不信任
0%

数据来源:《美国人对大众媒体的不信任再创新高》(*U.S. Distrust in Media Hits New High*), 里玛莉·马拉里斯(Lymari Maralis), 2012 年 9 月 21 日。

☐ 非常信任
☐ 比较信任
☐ 不怎么信任
☐ 完全不信任

调查结果显示，只有13%的美国人对纸媒有很高的信任度，只有14%的美国人对电视和广播新闻有很高的信任度。公众对媒体的看法已经发生了巨大变化，这并不奇怪。但这种转变影响了人们处理所有大众媒体信息的方式。

没错，过量媒体信息和社交信息带来的巨大压力，让我们不得不改变信息应对方式——我们拒绝接收信息，如果非接收不可，也会大幅降低对这些信息的信任度。98%不信任互联网信息的美国人，其工作、生活可能完全依赖互联网。你可以把互联网看成一辆引擎失灵、轮胎漏气的破车。没有人愿意驾驶这样的车，但如果别无选择，最终我们还是会坐上去。可以说，信息过载迫使我们进入一种新的思维和采用新的工作方式，并使用不计后果的手段来应对这一情况。

对于想在市场中脱颖而出的你来说，这意味着什么呢？

我在本章开头说"我们生活在一个彻底透明的时代"，意思是：现在的沟通渠道如此完备、高效，以至人们再也不值得去花费心思欺骗他人。在一个信息唾手可得的时代，危言耸听的言论和真假参半的信息已经没有市场。人们可以在几秒钟内查出信息的真假，所以你必须确定自己言语的真实性。如果不能确定自己的信息"绝对正确"，那你做的就都是无用功。

概念块不是标语或口号，它应该是你的意图体现或使命宣言。不管你使用了何种概念块，只要它真实透明，就不会像垃圾广告一样被人无视。如果企业想留住客户并获取更多收益，就需要从真实透明的营销方式开始。艺术家和设计师也需要更加透明地谈论自己的作品。公开和透明才会让公众注意到他们。

这里有一个来自商界的绝佳案例。几年前，达美乐比萨经历了前所未有的全年股价下跌。据《彭博商业周刊》报道，消费者对达美乐的批评十分严苛，认为这个品牌的比萨"糟透了""饼皮尝起来像纸板"。于是，达美乐改进了制作配方和工艺，并承诺"不好吃就退款"。为此，他们开通了一个社交账号与消费者进行沟通，并针对消费者的关注点开展了一场营销活动。达美乐承认自己的产品非常糟，并以一种大胆、醒目的方式对这个问题进行了处理：

我们很烂。

——达美乐比萨

没有比这再透明的态度了。达美乐扭转了局面，反亏为赢，其股票价格涨幅高达60倍，甚至超越了昔日的最高峰。通过公开、大声地说出真相，达美乐吸引了更多的关注与需求，销售额大幅增长。在活动开始后的三个月里，达美乐的意大利香肠储备往往撑不过三天。到了第四个月，达美乐的同店销售额平均增长了14%。短短六年时间，达美乐将自己的市场份额从9%提高到了15%。诚然，在2008年全球金融灾难之后，美国很多家连锁比萨饼店的销售额都增加了，因为比萨是可以喂饱整个家庭的廉价晚餐。但在市场份额、股价和客户需求的增长上，没有一家可以与达美乐比肩。

达美乐说出了自己产品的真正问题，并发誓解决它。有些事情所有人都在想，但没人敢说——如果你能将它说出来，就会立刻获得他人的信任。透明就是力量。

透明展示了你的不完美。信不信由你，不完美反而会增强你的可信度，因为人性本来就是不完美的。在世界互联的时代，"公司化"往往也意味着"去人性化"。在这种情况下，我们渴望一种新的"人性化"感觉。达美乐已经告诉我们，直言不讳中的"人性"会带来怎样的结果——能产生巨大的吸引力。

没有什么比直言不讳更能打动人心。所以，无论与伴侣、孩子、投资人、支持者还是消费者交流，你都一定要保持诚实透明。如果要求他们为你做某事，你一定要解释背后的原因，以及他们将获得的好处。例如，软糖零食的营销人员可以说"如果你想尝点美味，试一试我们的软糖"，而不是通过"低脂"暗示软糖是"健康的"。

真实也是共情的一种形式。发自内心地真诚交流，会让对方感到你的尊重和理解。今天，共情就是信誉的体现。与共情相反的行为，就是向人们推送一堆他们并不想接受的自我吹嘘型广告。

现代科技让人们可以随时随地查验信息，这让我们更加期待真实和透明。如果收到的信息没有这两种特征，我们就会感到被欺骗、被羞辱。现在，人们对信息的社会期望已经大有改变：如果给出的信息不是完全透明的，你就是在撒谎。然而，在价值亿万美元的广告业中，仍然有很多人在哄骗消费者。不过，不管这些骗子是否认同，**产品销售正在以极度透明为中心运行着。**

我说的这些，是对现实世界——一个可即时分享、验证信息的世界——的客观陈述。技术迫使世界走向诚实与透明。我们面对的是一场自由市场下的信息竞争——在这种竞争中，拥有最直接和最准确信息的人将会获得最终胜利。

休斯敦大学的布琳·布朗教授花了20年时间研究人的脆弱性对人际关系的促进作用。换句话说，如果交流的一方或双方都展示出自身最脆弱的地方，那么他们的关系就会更加深厚。她的 TED 演讲《脆弱的力量》拥有近4000万的点击量，是有史以来最受欢迎的五大 TED 演讲之一。我认为，对公司或组织来说，透明就是脆弱性的体现——对业务的所有方面保持透明，在公司内部对员工保持透明，在公司外部对合作伙伴和客户保持透明。透明会产生更深、更持久的联系。互联网的即时互通性已经将世界变成了一个大玻璃屋，你必须通过真实透明来表达对客户、听众、观众或者粉丝的尊重。人们或许不能清晰地表达自我，但能够敏感地察觉到自己"不被尊重、不被喜欢"的情况。

脱颖而出的最佳方式就是真实、清晰和直接。你真正的用户会因此看到你，而那些不是你用户的人也不会浪费你的时间，他们甚至不会寻找你的路标，因为那并不是他们的目的地。你真正的用户会喜欢真实、透明的信息，会感激你对他们的理解，并将业务和生意交给你。感谢现代科技，这就是客户们进行购买决策的落脚点。我们很可能正在见证一场销售与购买方式的大革命。

对旁观者来说，如果完美就是欺骗，那么透明就是真实。

在人类的世界中，所有事情都会涉及营销，无论你有着怎样的身份——父母、艺术家、首席执行官、经理、工程师、设计师、教师等——都必须有能力吸引他人的注意，才能在这个信息过量的世界中获得成功。当试图说服某人做某事时，每个人都是营销人员，无论是劝说孩子多吃蔬菜，还是提醒顾客注意产品信息。

想要从零开始获得客户的信任，你要做的不是强行说服他们，而是提供真实、实用、可理解的信息，并允许他们自行判断真伪。**以一种"非推广"的方式提供简单信息，可以让你立刻获得潜在客户的信任。**

这就是概念块（或者说箭头和箭杆）的力量。它们会以大胆、突出的方式，传递你对目标受众情感关注点的理解，并以透明易理解的事实加强这一信息。

基于透明性创造出的概念块，可以消除人们对你的疑虑。一旦用户信任你，就不会反复查验你的信息真实与否。更重要的是，信息受众还会立刻与你达成一致，带来业务，因为你使用巨大、透明的概念块突破层层阻碍接触到他们，产生了路标般的意义。透明性和真实性会产生信任。

概念块的使用诀窍就是——没有诀窍。概念块可以让你被他人看到。你要做的，就是使用简单、突出、透明、真实的信息，再配以可以引起共鸣的事实，也就是箭头和箭杆，这会为你带来信息的突破。

2. 做到真正有用才能打动别人

　　20世纪90年代后出生的一代人经常被称为"千禧一代"，但我把他们叫作"稀释一代"。他们是在海量媒体和数字技术下长大的第一代，不知道更简单的时代是什么样子。从前的电视只有三个频道，而现在每时每刻都有无数的光点向我们射来，就像永不落山的太阳。

　　在2014年的一次采访中，广告公司高管迈克·希恩说："我女儿在五岁时看到了人生中的第一个电视广告，她竟然问我那是什么东西。"当时希恩是一家大型广告公司的首席执行官，一直在编写、导演电视广告，但他女儿只对网络上的信息感兴趣。希恩说："向千禧一代传达广告信息，意味着我们要重塑媒体世界的规则。"

　　千禧一代是在数字环境中长大的。我们不知道数字科技如何改变了他们，但改变的迹象已经非常明显。例如，他们的音乐消费方式与以前完全不同。30年前没有智能手机和音乐软件，青少年有多少张音乐专辑取决于兜里有多少零用钱。除了收音机和电视，接触新音乐的唯一渠道就是从商店购买或者从朋友那里借来的磁带、黑胶唱片和 CD。

　　过去的年轻人都是在一种熟悉的渴望中，反复听着手里的几十张 CD。但千禧一代的 MP3播放器或手机里常常存有来自数百个乐队的成千上万首歌曲。而现在，发达的新媒体行业让人们可以获得的歌曲近乎无限。这种过量选择稀释了人们与歌曲和歌手之间的联系，改变了听众对歌手的看法。使用 CD 机或在线音乐平台听歌，这两种欣赏音乐的方式是非常不同的。使用 CD 机时，人们会将一张专辑从头听到尾；使用在线音乐平台时，常常在不经意间从一名歌手跳到另一名歌手。

　　"稀释一代"消费了太多太多的歌曲。他们不再像前辈们那样专一欣赏某张专辑或某位歌手。如果手里只有几张 CD，你可能会哼唱出每首歌的歌词，或者记住 CD 中所有歌曲的排列顺序。但如果你的手机里有7160首歌曲（根据9to5Mac 网站的调查显示，这是苹果 iTunes 库中的平均歌曲数量），你就不会，也无法像听 CD 那样专注于每首歌。

　　过量选择改变了人们看待事物的方式。今天的孩子们就像是进入了一片无边无际的森林，永远不可能停下来仔细研究一棵树。在某种程度上，他们也意识到了这种体验上的浅薄，知道自己没有与任何事物建立紧密联系——这种感觉并不好受。

　　"稀释一代"会有一种更普遍、更严重的渺小感。这些孩子生命中的所有阶段，都是在信息过载造成的稀释中度过的。我相信，这种永久性的感官超负荷，会让他们产生一种永远都无法解脱的刺痛感。

　　"稀释一代"会通过电子设备与他人保持持续的联系。

他们只需点击一下鼠标，就可以给街对面的同学或身处世界另一端的朋友发送信息。但最终，这种过剩的互联性只会损害他们关注父母、学业以及其他事物的能力。

"稀释一代"的孩子们很难坚持自己的个性、想法、创业精神，以及为世界做出贡献的承诺。这一情况的长期社会影响是未知的，但你可以想象它对孩子们自我表达、个人认知以及自我实现产生的负面影响。

现在，所有人都可以轻松地使用智能手机拍摄、编辑视频。你可能会认为，这会产生更多精彩的视频和电影，以及更多有才华的电影制作人。但现实是，虽然有不少新人进入视频创作这一领域，但这只是扩大了平庸之海而已。无处不在的混音软件也是如此，它可以让所有拥有笔记本电脑和麦克风的人都变成音频艺术家，但最终增加的只有数量，而不是质量。

当某样东西的价格足够低廉时，它在各个层面上需要的投资也会相应变少。当某样东西很昂贵时，人们为了使用它，往往会花费更多的时间进行计划和准备。对于你的远大目标来说也是如此，轻松、易获取不一定意味着更好的结果。

有限的选择会让人们产生一种重要感，过量的选择则会让人们失去这种感觉。钻石之所以珍贵，是因为与地球上的其他矿物相比更为稀有。当然，标志性广告语"钻石恒久远，一颗永流传"也起了很大作用。

内容过载的后果是什么？在没有经历过"更简单的时代"、没有其他生活方式作为参照的情况下，稀释将如何影响

"稀释一代"？这一代人的整体人际关系强度会降低吗？这些人际关系上的障碍，会不会导致这一代人更加抑郁和孤立？

我相信，概念块拥有思想交流以外的力量，可以帮助应对这些问题。在一个日益拥挤的世界中，通过概念块进行交流，可以让我们被看到、被理解。在我看来，社会中的许多问题，都可以回溯到人们对交流和自身认可的期盼。一旦期盼无法满足，问题就会出现。

表达自己、获得他人认可，这是人类感到积极和满足的两大因素。无论我的客户是画家、建筑师还是商人，当我将他们的作品提炼成一个概念块并展示出来时，他们都会在精神和情感上放松下来，通常是长长地呼出一口气。其实，概念块早已存在，我只是帮助客户将它提取出来。但客户获得概念块时的精神变化，证明了概念块拥有治愈心灵的力量。

如果人们无法表达自我，或者很难进行交流，那就会产生严重的社会和心理影响。奇怪的是，虽然大部分人都感觉到不对劲，但他们并不认为稀释是一种严重的个人和社会问题。很可惜，他们都错了。我的很多客户都表示，他们在年轻一代员工身上强烈地感受到，稀释让整个社会更加沮丧、焦虑，因为人们觉得自己很难在个人和职业层面上被看到和听到。这些问题困扰着每一个人。

美国心理学家亚伯拉罕·马斯洛将人类需求金字塔中最高层的尊重需求和自我实现需求定义为"越来越多地实现个人理想、抱负，最大程度地发挥个人能力"。这就是概念块中蕴含的内部活力与驱动力。马斯洛还说，生活中"最快乐的时刻"往往发生在被一件伟大艺术品或牢固人际关系打动时，这些事物让我们感觉自己与这个世界是一体的，感觉自己对生活拥有更强的掌控力。

我们可以向志同道合的人发出信号，重新唤起失去的梦想，点燃希望和乐观之火，让所有使用概念块与世界交流的人都充满活力。

理解如何使用概念块来表达自己的独特天赋，并以一种与众不同的方式来吸引别人的注意，这对"稀释一代"来说更加重要。尽管概念块的力量显而易见，就在你的周围，很容易观察到，但人们还是有很多无法使用概念块进行沟通的原因，比如对反复重复相同信息的不适感，或者不知道如何制作或应用自己的概念块。

现在，越来越多的年轻人感觉自己像公司机器中的一个齿轮。随着信息越来越多，这种感觉也会越来越根深蒂固。无数新生代年轻人在意识到问题之前，就已经陷入深深的抑郁和焦虑之中。

概念块对"稀释一代"的帮助最大，使用概念块进行交流会变得越来越重要。引领世界走到今天的科技大趋势不会自动消失，数据会继续爆炸式增长，各种手机 APP 会层出不穷，竞争会继续加剧。在这种情况下，概念块的作用十分关键，它就像指引人们前行的路标。迷失在数字空间中已经是当下生活的常态，但我们和我们的下一代可以学习如何引导这一趋势。

极简化影响到的不仅仅是成功，还有人们的理性思维。

在这个过于复杂的世界里，极简化带来的透明性，是建立真正联系的唯一途径。在这个庞大的社会中，很多人都有很多话想要说，但苦于无法吸引他人关注。使用概念块，即使它还没有产生外部吸引力，也已经让你获得了内心的解脱。

我们在运用概念块时体验到的希望和鼓舞，可以产生惊人的深远影响，甚至重新激发一个人的人生观。概念块可以帮助我们再次获得活力，建立起有价值的人际关系。

总结：概念块的极简法则

概念块蕴含着巨大力量，它可以改变我们看到、听到、接触、联系所有人和事的方法。概念块一直存在着，等待人们发现它。现在，概念块的应用法则被发现并记录了下来。无论你用何种方式来展现产品，都可以使用它来获取关注。

无论通过什么媒介传递，概念块都是可以被即时理解的语句、短语、图像或设计图形。

在**音乐**中，概念块是一段简单的、不断重复的旋律、节奏或歌词。

在**演讲**中，概念块是一段不断重复、高度情感化、坦率真实的语句。

在**视觉艺术**中，概念块是一个超大的、可即刻感知的中心图像，你可以通过独特的、可即时识别的风格将它的效果放大。

在**户外广告和促销活动**中，概念块是写在巨大横幅上的短语，其内容触及了信息受众的情感关注点，并不断重复出现。

在**设计或建筑领域**中，概念块是一个大胆突出、超大尺寸、独特且可即时识别的形状。

在**创造企业需求**的过程中，概念块是可以被内部和外部理解的公司的核心意图，它在符合潜在客户情感关注点的基础上，传递你的目的、解决的问题，或者制造的产品。

在**商业**中，概念块存在于以下几点的交汇处：你的真实意图，你解决的情感化问题或制造的产品，以及潜在客户的情感关注点。你要从中提炼、创造出你的概念块语句，然后一遍又一遍大声、清晰地传递它，直到它被看见、被听见、被铭刻在目标受众的大脑中。如果我们想获得回应，我们就必须先通过这种突出的、可即时理解的方式传递信息并获取他人的注意。如果这种大胆、清晰、自信的意图声明与目标受众的情感化关注点相符合，你就能立刻建立起自己的可信度。

概念块必须通过不断重复才会有效。当你将情感、色彩加入概念块中，或者将复杂性与它联系在一起，那么它本身的吸引力会被进一步放大——它会迷住我们，吸引我们的眼球。

概念块的应用方法

1. 评估并确定目标受众的最基础的情感关注点，以及你的目的、你解决的问题或制造的产品，并找出这几者的交汇处。

2. 无论是进行演讲，还是撰写简历或电子邮件，你都要创建一个大胆、独特的概念块来传达你对信息受众的关注。这个概念块可以是图像、符号，也可以是以超大尺寸横幅展示的概念块语句。

3. 坚持下去！不停地重复这个大胆、突出、简单的概念块——无论何时，无论何地，都要重复重复再重复。

旁观者一开始会目瞪口呆、不知所措，然后他们慢慢会冷静下来，接受并思考你传递的信息。这是一个自动的情感化的过程，而且每次都能吸引到你渴盼的目标受众。概念块需要不断重复才会有效果，这里面有几个原因。正如梅兰妮·普伦所说，**人们至少要看到三次相同或相似的图像，才会记住它，尤其是在这个信息过量的世界中**。当一遍又一遍被重复时，你的概念块也传递出了你的决心和信念。最后，它让你清楚地了解自己的根本意图及其原因，这会带给你宝贵的心理稳定感。

不断的重复会带来坚定的信念。

一旦掌握概念块的基础法则，无论在哪一领域从事什么工作，你都可以迅速地在人们的大脑中创造出符号。

后　记

　　2009年感恩节，一个无家可归的人因为在纽约的华盛顿广场公园露宿而被捕。这个人衣衫褴褛，头发凌乱，嘴边有一圈亮红色的胡子。他应该几周没有洗澡，身上一股酒臭味。他就是人们所说的流浪汉。从身体状况来看，他应该在纽约的街道上艰苦生活了多年。

　　当我在伦敦上大学时，我的祖父母住在纽约，这座城市就是我的家乡。我最喜欢在纽约的公园里漫无目地游荡，观看人们下棋和街头艺人的表演。如果这名无家可归者躺在我的脚边，我会毫不犹豫地跨过他的身体。这个男人由于在街上风餐露宿多年，脸已经消瘦得只剩下皮包骨，对我来说他就像是个隐形人。

　　这名无家可归者，就是我疏远已久的兄弟——丹尼。我在好莱坞街头长大时，偶尔会和他有些接触。自从将父亲的骨灰撒在加利福尼亚的大海中后，我们已经九年没有联系过。那个特殊的感恩节早晨细雨蒙蒙，温度只有零度多一点，湿冷直直地钻入骨缝。对警察来说，逮捕丹尼并不是什么稀罕事，这是他们和无家可归者们的例行活动：警察会给丹尼开一张他永远不会支付的罚单，把他关上一天，然后释放他。

这些警察十分了解丹尼，在"例行公事"时双方也都很舒适、顺畅。但是在这一天，警察们给了丹尼一个选择：如果他愿意在电视节目上谈论一下在感恩节无家可归的感觉，电台主持人就会付给他一笔报酬，而且他也不用去蹲牢房。

不出所料，丹尼选择去赚点小钱。采访刚刚开始时，两位主持人询问丹尼有没有什么爱好，丹尼回答说自己是名歌手。于是主持人赶忙让助手找来了一把吉他。几分钟后，丹尼·马斯塔德开始了演唱，极为优美地演绎了英国摇滚乐队"电台司令"的经典歌曲。这场表演有些讽刺，有些震撼，也有些奇怪——总之给人一种超越现实的感觉。两位主持人感动得说不出话来，在之后的采访中一直对丹尼毕恭毕敬。他们一开始只是想为节目制造点笑料，结果却变成了有些心酸的反思话题。

节目结束后，制片人给了丹尼几百美元。丹尼拿着钱买了一瓶伏特加，然后回到华盛顿广场公园喝得烂醉如泥。对此后发生的事情，丹尼一无所知。他只知道自己口袋里有了一些钱，肚子里装满烈性酒带来的温暖。

接下来几周里，发生了很多令丹尼困惑的事情。当他在纽约街头行走时，会有人摇下车窗热情地向他欢呼，也有人对他大喊："加油，马斯塔德！"对于一个习惯于隐形的人来说，这些经历让他感到非常奇怪。最终，丹尼发现了原因：节目组将他唱歌的视频上传到了网上——这首歌引起了轰动，点击量已经高达数百万人次。

丹尼一夜成名，甚至还有很多国外粉丝为他创建了不少网站。他不得不开通两个脸书账户，很快就有了一万多名脸书好友。他已经成为一个鼓舞人心的符号，照亮了人性中常常被忽视的那部分。丹尼和他的表演触动了人们内心深处的一些东西。在丹尼身上，人们体会到了"自己的真实内在无法被他人看到"的痛苦感。丹尼以最美丽、最令人心痛的方式让大家了解到了这一点。

> 当你流浪街头时，对人们来说你就是隐形的——对，就是字面意思的"隐形"。他们会跨过你的身体，无视你的言语。他们的目光会越过你而投向别处。这些经历真的让人难以忘怀。
>
> ——丹尼·马斯塔德

在接下来的几个月里，丹尼完成了两笔独立唱片的交易。权威音乐杂志讲述了他的独特经历，将他的演唱评为那首歌的最佳翻唱版本之一，与众多明星的翻唱齐名。"丹尼给这首痛苦的歌曲带来了真正的痛苦。对大多数人来说，他真是个讨厌鬼。"文章中这样写道。丹尼甚至还被选秀节目《美国之声》的制作人邀请到洛杉矶试镜。

今天的丹尼并不富有，甚至还有些债没有还清，住所也只是布鲁克林的小旅店。但他的歌曲点击量已经超过3000万人次。他已经远离街头和毒品，戒酒也有九年多了。社区的无家生活和戒酒顾问要丹尼找到一名可以交流的亲人——因为在社工的专业认知中，无家可归有相当一部分原因在于没有亲人可以联系。于是丹尼找到了我。现在我们经常联系，他真的很棒，重新认识曾经的无家可归者丹尼·马斯塔德——我的兄弟，真是我的荣幸。

这是一个不可思议的故事。你可能在疑惑：这个故事和概念块有什么关系吗？根据《青年与青少年》杂志的文章显示，在贫困中长大的青少年更容易进行自我毁灭式行为，如使用暴力、滥用药物，甚至犯罪。但如果相信自己有过上充实、富足人生的潜力，这种信念就会对他们的处事态度和行为产生巨大的积极影响。那些生活贫困的人之所以会感到焦虑、不满和抑郁，是因为他们觉得永远无法获得成功，这种感觉逐渐转变为绝望。

我相信，从某种程度上讲，数字时代无处不在的实时连接和信息传递，给所有人带来了一场名为"绝望"的流行病。我不是想把所有过错都推到互联网身上，实际上我是互联网的拥护者。对我而言，网络为人类带来了巨大的信息自由，即使有些副作用，也是值得的。话虽如此，我认为如果人们没有认识到互联网的副作用就贸然接触它——哪怕是尝试一下，也会让心灵麻木，并产生对未来的恐惧。当我进行公开演讲时，千禧一代一直在向我表达这一点。富人和穷人，有家的人和无家可归的人——虽然我们面对的问题大不相同，但在某些方面，我们都因为无法被他人看见而在苦苦挣扎。

丹尼在电台唱那首歌的时刻，我称之为"概念块时刻"——这是我们可以获得甚至主动创造未来的人生转折点，它能够让我们或我们的工作成为公众关注的焦点。我们应该不停地寻找或创造这样的时刻，并在其来到时及时抓住。

　　今天，我的兄弟正变得越来越好，正努力打造他的作品。每次交谈时，我都能感觉到他散发出的人性光辉温暖着我的胸膛，让我无比欢愉欣慰。我有时不禁会想：究竟有多少丹尼——那些迷失的、不被看见或听见的天才们——埋没在今天的世界中呢？

致　谢

我的奶奶。

凯文·卡罗尔（Kevin Carroll），我的催化剂。

迈克尔·托马斯（Michael Thomas），一位永不疲倦的朋友，你拥有圣徒般的沉着和安静的力量；玛丽安·卡琳奇（Maryann Karinch），一位充满人性光辉的文学图书经纪人；格伦·耶夫特（Glenn Yeffeth），感谢你和你的出版社出版此书；克莱尔·舒尔茨（Claire Schulz），感谢你给我的编辑指导和卓越灵感；米奇·亚历山德拉·卡普托（Miki Alexandra Caputo），感谢你作为一名杰出的文案编辑对我的支持；莎拉·艾文杰（Sarah Avinger），感谢你为本书设计的精彩封面；感谢莉亚·威尔逊（Leah Wilson），阿德里安·朗（Adrienne Lang），艾丽西娅·卡尼亚（Alicia Kania），以及BenBella图书公司的整个团队；感谢史蒂文·那卡纳博士（Dr. Steven Nakana）；感谢罗丝·弗朗西斯（Rose Francis）和丹迪威·那卡纳（Thandiwe Nakana）为我带来的快乐和智慧；感谢梅·阿登（May Arden）的帮助和信任；感谢马克·斯鲁特梅克（Mark Slotemaker）充满灵感的设计。

感谢肖恩·托马斯（Shaw Thomas），梅森·托马斯

（Mason Thomas），哈德森·托马斯（Hudson Thomas），杰拉尼·梅莫瑞（Jelani Memory），梅兰妮·普伦（Melanie Pullen），霍特·麦克卡兰尼（Holt McCallany），朱莉·威尔逊（Julie Wilson），保罗·布恩科尔（Paul Bronkar），达内特·麦格雷戈（Danette MacGregor），埃米莉·克拉姆帕克（Emily Crumpacker），马库斯·斯旺森（Marcus Swanson），大卫·瑞（David Rae），我的父亲，米德尔伯里学院（Middlebury College）的赫克托·维拉教授（Prof. Hector Vila），加雷斯·奥斯汀博士（Dr. Gareth M. Austin）和伦敦经济学院（London School of Economics），曼哈顿维尔学院（Manhattanville College），威彻斯特社区学院（Westchester Community College），曼哈顿维尔学院的劳森·保灵（Lawson Bowling）和詹姆斯·布莱恩（James Bryan）教授，德韦恩·爱德华（D'wayne Edwards），鲍勃·普罗菲特（Bob Proffitt），曼森·海特和辛迪·海特（Mason and Candy Heydt），克莱夫·威尔金森（Clive Wilkinson），E.H.亨特博士（Dr. E. H. Hunt），希瑟·梅特卡夫（Heather Metcalfe），内森·安德鲁斯（Nathan "Natron" Andrews），唐万·哈雷尔（Donwan Harrell），贾哈拉·哈勒尔（Jahayra Harrell），马努（Manu），斯科特·福斯特（Scott Foster），兰德尔（Randall），大卫·本特利（David Bentley），莫莉·德阿莫尔（Molly D'Amour），迈克尔·汉弗莱（Michael Humphrey），乔安妮·戈登（Joanne Gordon），科特·约翰逊（Cort Johnson），布鲁格拉斯·比格斯（Bluegrass Biggs），

比比·麦吉尔（Bibi McGill），约翰·艾略特（John Elliott），杰夫·艾略特（Jeff Elliott），克里斯·沃达（Chris Wojda），特丝里·派恩斯（Tsilli Pines），罗文·特罗洛普（Rowan Trollope），马尔科姆·格拉德威尔（Malcolm Gladwell），克莱默·摩根索（Kramer Morgenthau），安娜（Anna）和埃利奥特（Elliott），艾尔·罗宾逊·雷因（Ayr Robinson Rein）和希拉里·哈里斯（Hillary Harris）。

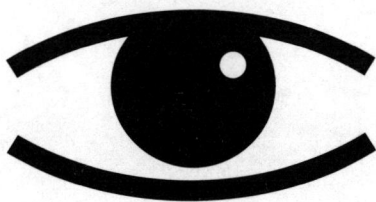

杰米·马斯塔德
Jamie Mustard

毕业于伦敦经济学院。概念块（blocks）营销方法的发明人。他用这套独到、便捷的方法，专门帮助解决自媒体时代的信息抵达问题，其客户不仅有众多中小型企业和自媒体从业者，也包括英特尔、阿迪达斯、思科、赛门铁克等各行业的巨头企业。

抓眼球

作者 _ [美] 杰米·马斯塔德   译者 _ 信任

产品经理 _ 谭思灏   封面设计 _ 星野   内文制作 _ 何月婷   产品总监 _ 木木

技术编辑 _ 白咏明   责任印制 _ 刘淼   出品人 _ 吴畏

果麦
www.guomai.cc

以 微 小 的 力 量 推 动 文 明

图书在版编目（CIP）数据

抓眼球 /（美）杰米·马斯塔德著 ; 信任译. -- 上
海 : 上海文化出版社, 2022.12（2023.5重印）
ISBN 978-7-5535-2621-8

Ⅰ.①抓… Ⅱ.①杰… ②信… Ⅲ.①品牌–企业管
理 Ⅳ.①F273.2

中国版本图书馆CIP数据核字（2022）第208406号

The Iconist © 2019 by Jamie Mustard.
Published by arrangement with BenBella Books, Inc., Folio Literary
Management, LLC, and The Grayhawk Agency Ltd.
Simplified Chinese translation copyright © 2022 by Guomai Culture & Media
Co., Ltd.
All rights reserved

著作权合同登记号：图字 09-2022-0590

出 版 人：姜逸青
责任编辑：郑 梅
特约编辑：谭思灏
装帧设计：何月婷 星 野

书 名：抓眼球
作 者：[美]杰米·马斯塔德
译 者：信任
出 版：上海世纪出版集团 上海文化出版社
地 址：上海市闵行区号景路 159 弄 A 座 2 楼 201101
发 行：果麦文化传媒股份有限公司
印 刷：北京盛通印刷股份有限公司
开 本：880mm×1230mm 1/32
印 张：6
插 页：4
字 数：124 千字
印 次：2022 年 12 月第 1 版 2023 年 5 月第 2 次印刷
印 数：8,001—11,000
书 号：ISBN 978-7-5535-2621-8/F·045
定 价：39.80 元

如发现印装质量问题，影响阅读，请联系 021—64386496 调换。